ちゃんと生きない。

自分を優先する勇気

卒業させる整体院
いっせい

sanctuary books

「ちゃんとしなさい」。

僕たちは、そう教えられてきた。
それが正しいこと、良いことだと信じてきた。
そのために、僕たちはがんばってきた。
今日もがんばっている。
明日もきっと、そうしてしまうだろう。
そうしなかったら、罪悪感でつらいから。

——でもそれがすべて、間違いだったとしたら？

あなたの感じる、日々の悩みのタネ。
たとえば、肩こりや、腰痛や、頭痛のような症状から、
体力不足や、消えないだるさ、不眠、気分の浮き沈み。

何度も繰り返すケガ。その後遺症。体型のこと。
どんな病院や、整体院、マッサージに通ってみても。
薬や漢方、運動やサプリを試してみても、繰り返す不調。

現代の医療では原因不明だとされるような症状も、
本当はすべて「同じ原因」から生まれているものだとしたら？

病気やケガだけじゃない。
あなたの性格だって。人間関係だって。
どうしようもない不安感や、怒りや、悲しみ。挫折感や虚栄心。

あなたが「わずらわしい」と感じる、すべてのもの。
実は、それらがすべて同じところから、生まれているとしたら？
しかもそれは、本当はあなた自身で解決できることだとしたら？

病院や専門家を探す必要もない。もちろん、余計なお金もいらない。
必要なのは、知ることだけ。ラクになることだけ。

すると、あらゆるものがまるで最初からなかったように、消えていく。
ここで紹介するのは、今までの自分から、卒業できる方法。

はじめに

はじめまして、いっせいと申します。福岡県で生まれ育ち、理学療法士として病院で働いた後、現在は整体院を営み、さまざまな人と接する日々です。

「整体師」と名乗ってはいますが、僕のすることは一般的な整体院とはずいぶん違うものです。

西洋医学、東洋医学など、さまざまな分野の知識をベースに、身体の中にあるその人の「悩みの元」を取り除く。ざっくり言うと、そんなことをしています。

この形に至るまでには、紆余曲折がありました。

自分語りになってしまうのですが、どうか少しだけお付き合いください。

実は僕、19歳のある日、突然、身体が動かなくなりました。

右足はしびれ、腰にも激痛が走るようになったんです。少し動くのがやっとの状態で、ほぼ寝たきりに。

そのとき、さまざまな病院に行きました。病院以外にも、評判の整体院、整骨院、治療院、ヒーリングなど、さまざまな場所に通いました。

しかし、原因はまったくわからず、治る兆しもない。

そんな状況でも、将来のことを考えれば、せっかく入った大学には通っておきたい。就職活動をして、働かなければいけない。

でも、動くと猛烈に痛い。もう、何もしたくないんだよなぁ……。

「あー。人生終わったかも」。

これから、どう生きていったらいいんだろうと、絶望の日々でした。

結果的に、3年で50カ所以上、金額にして300万円以上かけて治療しました。

一時的に痛みが減ることはあり、その期間に授業に出たり、バイトをしたり、就活をしたり。けれど、時間が経てばすぐに元通り。

良くなったり、悪くなったりの繰り返し。

この状況を変えたくて、理学療法士として病院に就職する目標を持っていました。

リハビリに精通している大きい病院であれば、もしかしたら働きながら自分の症状を改善できるかもしれない……。そんな期待を持っていました。

結果的には運よく希望した病院に就職することができたのですが……。

しかし、もくろみは大ハズレ。

リハビリのプロが集まった環境でも、僕の腰と右足は回復しなかったのです。原因も不明のまま。

それどころか、病院の様子を通して、現代医療というのはこんなものなのか？と、逆にガッカリするような場面にも多々遭遇しました。

結果、至った心境が「もうどうにでもなれ」。

子どものときからしてきたサッカーを無性にやりたくなりました。

「もう腰が壊れてもいいから、全力でやろ」と、なぜか思ったのです。

常時巻いていたコルセットを外し、フィールドに出ました。

実は、このとき最初の転機が起こります。

「あ、今までこんな身体の使い方をしていたんだ……」

突然、自分の身体の使い方に気づいたのです。

「腰や右足に負担のかかるような動きをするのがクセになっていたんだ」

ああ、どうりで、負荷がかかってきたはずだと。

この日を境に、僕は独学で身体について勉強をするようになります。さまざまな論文を読み、効果がありそうなものを取り入れてみました。

その結果、どんな病院や専門家でも治すことのできなかった腰の痛み、右足のしびれがたったの1ヶ月で完全に消えました。「完全に」です。

「あれ、こんな簡単なことでいいの?」と拍子抜けするくらい。

このとき、病院では解決できないことを解決できる整体院を開こうと思いました。

そもそも、病院に行くというのは、「症状が出ている」ということ。

それでは遅い。本当ならば、その前に。より根本的な原因を解決していけば、そもそも不調が出ることはない。病気やケガをする必要なんてなくなる!

そんな思いを掲げ、24歳のとき、病院をやめて整体院を開業することになります。

そこからは順風満帆!

……とはまったくいかず、この一度目の開業は大失敗。

お客さんが半年で3人しか来ませんでした。

最後には共同で始めたパートナーもいなくなり、僕の気分はまたどん底に。

技術さえあれば、人は黙ってもやってくると思っていたのに……。

そんな高くなった鼻をボキッとへし折られ、そのギャップで鬱にもなりました。

その後は、「食べていかねば」と、病院に出戻り。

今度は療養型の病院で患者さんたちと接し、さまざまなお話しをしながら、再び独立するための準備を始めます。

約4年間かけ、万全の準備を整え、再び開業をしました。

このときは、いいスタートダッシュが切れました。

お客さんの予約も、評判も上々。

「これならいけそう！」と思った、矢先のこと。

僕は事故を起こしました。なんてことはない、自転車の事故です。

ただ、どういうわけかハンドルが見事に僕の身体を貫きました。

胃に大きな穴が空いたのです。

正直、あまりよく覚えてはいないのですが、

「ああ、死ぬな」。

というのが感想。

このとき、まるで走馬灯を見るように浮かんできたのが家族のことでした。

……でもそれは、映画でよく観るようないい思い出のフラッシュバックでも、「ありがとう」という感謝の言葉でもありません。

「不満」と「怒り」でした。

「あなたたちのせいで、自分の人生はむちゃくちゃになった」

そんなどす黒い、僕の腹の底にあった本音でした。

生きるか死ぬかのときに、どうしてそう思ったのかわからない。

何なら、自分がそんなふうに思っていたことにも驚きました。

けれど、この気持ちを正直に伝えないといけない。それまでは絶対に死ねない。

そんな衝動に突き動かされ、事故から1ケ月後、母、姉、父と、元パートナー、それぞれと本音で話をしました。文字通り、腹を割って。

自分が感じてきたこと。今まで言えなかったこと。胸の奥に秘めてきたこと。そのすべてを、何の遠慮もなく、率直に言いました。

それぞれとの話が終わった直後。

身体が、心が、生まれ変わったように軽く、晴れやかになっていました。

回復力も高まり、手術した胃の不調もラクになり、元通りに。

「やっと自分の人生を生きられるようになる」

自分の足で、大地を踏みしめているような感覚。

ああ、これが、生きるってことか。

今まで、生きていなかったんだなぁ……。

そんな気分に包まれたのです。

この直後、価値観がピッタリと合う新しいパートナーと出会うこともできました。


そうした一連のことがあって、現在のスタイルで施術を行うようになりました。

ケガをして動けなくなって、身体を治す方法を編み出して、でも鬱になって、胃に穴が空いて。そして、家族たちと話をした。

これらのことは、一見、まったく関係ないように思えます。

そんなのたまたま起きたんだろうと。

でも、違います。関係があったのです。

すべてが、つながっていたのです。

どういうことか？

人間には、感情がありますよね。

僕たちの身体は、感情の動きにすぐさま反応します。

たとえば何か悲しいことやショックなことがあったとき、身体は、それ以上傷つかないように守ろうとします。

でもそれは、意識できないほど小さな、自動的な反応です。

たとえば、「わっ！」と驚くと身体が「ビクッ」と動きますね。これは、身体が緊張しているということ。

実は、同じような反応が常に起きているのです。

緊張するとは、言い方を変えると「かたくなる」ということ。

つまり、日常で何か嫌なことがあるたび、身体はかたくなっていきます。

では、それが長く続くとどうなるでしょうか？

かたまりすぎて、だんだんと正常に動かなくなるのです。

すると、身体のどこかが詰まります。

肩こりや腰痛、頭痛などが生まれるのは、その結果の1つなのです。

さらに緊張が強くなれば、呼吸は浅くなり、血流が悪くなり、内臓などの働きも正常でなくなります。

代謝が落ちます。疲れやすくなります。眠りも浅くなります。

すると、重い病気が生まれやすくなります。

身体の使い方がおかしくなって、慢性的な痛みが出たりします。

ほんの小さなきっかけで、大きなケガをするようになります。

もちろん、精神的な不調も出てきます。

感情の抑制がきかなくなったり、僕のように、現代の医学では説明のできない体調不良が生まれることも。

たとえば、ビジネスマンなどに多い「突発性難聴」や、難病に指定される「潰瘍性大腸炎」、果てには「認知症」、「脳卒中」や「心筋炎」など……。

すべての根は同じ。日々の行動と感情、そして身体がつながっているからこそ、起こるもの。最終的に、症状としてあらわれてくるのです。

では、その始まりは、どこにあるのでしょうか？

それが、端的に言えば「我慢」にあるのです。

我慢とは、「本音を言えていない状態」ということ。

思っていること、感じていることを押さえ込み、だまって言うことを聞き続けることが、我慢です。

僕たちはみんな、小さいときから「ちゃんとしなさい」と言われ、その言葉通り、「ちゃんとしよう」とがんばって生きてきました。

でも本当は、誰もちゃんとなんかしたくなかったのです。

仕方なく我慢をして、がんばって、ちゃんとしようとしてきた。

それが、心にとってどれだけのストレスや傷になり、身体にどれだけの緊張を強いてきたかわかるでしょうか？

僕の場合は、身体がしびれるまでになってしまいました。

胃に穴が空く事故を起こすほど、心はＳＯＳを発していました。

つまり、あらゆる不調は、あなたの中にある「助けてくれ」「何とかしてくれ」というサインなのです。

それが、すべての原因である。だから、身体だけを見ても、日々の行動を改善しても、考え方を変えようとしても、問題は解決しない。
これが僕の出した結論でした。

さて、大変前置きが長くなり申し訳ありません。
今お伝えしたことが、僕の身に実際に起きたこと。そして、今僕が施術者として
お客さんに対して伝え、行っていることです。
それは、みなさんの身体にも、同じように起きていることなのです。
なぜ、人は病気になるのか？　ケガをするのか？　鬱になるのか？
どうして何一つ悩みのない、健康な状態でいられないのか？　悩みや不安のない
人生を送ることができないのか？
それは一言でいえば、

「ちゃんと生きようとしすぎ」

ということです。親に言われたこと、学校で言われたこと、会社で教わったこと、

人生の中でならった、強制されてきた、さまざまなこと。

それらに従い続け、自分のことをおろそかにした結果なのです。


「人は苦労しなければいけない」

「休んだりするのは、いけないことだ」

「親子や家族とは、こうあるべきである」

「規律やルールを守り、正しいことをするのが人間だ」

「結果を出さなければ、自分には価値がない」

「より多くの人に認められることが、成功の証である」

「幸福とは、こういうものだ」


そうした思い込みや制限が、実はあなたの身体の中に傷を増やしていきます。少しずつ、気づかないうちに、むしばんでいきます。

つまり、健康の一番の秘訣は、「ちゃんとしない」こと。

我慢せずにあなたの本音に従って生きることが、何よりも大事なのです。

本音とは、心の奥底に眠る、あなたの、本当の言葉。

実は、本音さえ言えるようになれば、人は病気になりません。ケガなんかしません。

悩みなんてない人生が送れるようになります。本当です。

このように言うと、みなさん疑いますし、中には怒る人もいます。

「そんなわけがない！」「バカにしてるのか！」と。

ですが実際に、僕のところに来て、本音を言えるようになったお客さんは、みんな悩みから解放されていきます。

たとえば、

「車椅子に乗って歩けなかった女の子が、歩けるようになった」

「小学生のときから悩んでいた肩こりがなくなった」

「腫れ続けていた甲状腺の腫れがひいた」

といった物理的な悩みはもちろんのこと、

「パートナーとのわだかまりが消えた」

「転職する勇気が出て仕事がうまくいくようになった」

「何年も悩んでいた鬱の症状から解放された」


といったものまで。身近な悩み、身体の悩み、心の悩み。

不思議と、あらゆるものが「まるで最初からなかったように」消えていくのです。

ありえないと思いますよね。でも、事実なのです。

この本では、僕がいつもお客さんに問いかけていること、していることを、包み隠さず、そのまま紹介をしていきます。

率直に言って、すべての悩みごとは、自分で解決ができます。

僕のような人もいらないし、病院もいらない、カウンセラーもいりません。

自分でうまくできないのは、あなたが抱えている問題の、根本の原因がわからない、探り方がわからないだけ。ただ、そのきっかけがわからないだけ。

決して難しく考えないでください。

だって、あなたは生まれたときから苦しんできたわけではないですよね？

自由に笑って、自由に泣いて、ただ生きていたはず。

その感覚に、今から、戻ればいいんです。

ちゃんとなんかしなくていい。もっと自由でいていい。

そして、あなたが本来持っている感覚・感性・性質に気づくこと。

すると、生きることは途端にラクになっていきます。

視界が開け、今、本当になすべきことが自然とわかる。

人間関係で悩むことなんかない、自分のために時間を使い、自分のために生きることができる。そんな、夢のような人生を歩み出すことができます。

でもそれって、本当は「当然のこと」だと思いませんか？

その原点に戻りたいと、思いませんか？

肩の力を抜いてみてください。好きなページだけでいいです。

パラパラと読んでいくと、あなたが忘れていたこと、あなたが本当に言いたかったこと、やりたかったことに、たどり着けるはずです。

あなたの本当のしあわせを、僕は心から願っています。

それは必ず、手に入れられるものなんです。

ちゃんと生きないで、いいんですよ。

第1章 本音の世界

1 本音の場所 42
2 溜まっていく感情 43
3 3年間、半・寝たきり状態 44
4 僕の身体を治したもの 45
5 僕の胃に穴が空いた 46
6 本音を叫べ 47
7 見えない傷 48
8 常に試されている 49
9 現代医療のものの見方 50
10 手術を回避した患者さんの話 51
11 医療とはあくまでビジネス 52
12 合理的に突き詰めると本音の問題に行き着く 53
13 健康に寿命を全うする 54

14 「診断名」で人は治せない 55
15 本音とは魂の声 56
16 同じことを繰り返す 57
17 ウソのような真 58
18 すべては、誰かの影響 59
19 なぜ、いい人をやめられないのか 60
20 良いも悪いも感情の問題 61
21 感情や欲とはつまり、恐怖から生まれるもの 62
22 人間性も、習慣も、性格も恐怖体験から 63
23 顔のシワからわかること 64
24 感情の行き先 65
25 「我慢するのはあたりまえ」だから、ガンになる 66
26 だるいは「止まれ」 67
27 肩こりや首がこるのは圧を受けている証拠 68

28 無理に背筋を伸ばすから姿勢が悪くなる 69
29 頭痛持ちの人は細かいことに気づく人 70
30 喘息は悲しみの病気 71
31 「気が乗らない」と腰痛になる 72
32 寂しい人ほど太りやすい 73
33 不眠症になるのは昼を他人のために生きているから 74
34 耳が聴こえなくなるのは耳をふさぎたいことがあるから 75
35 しびれは「自分を見ろ」の重要サイン 76
36 四十肩や五十肩の問題は年齢ではない 77
37 痛風は贅沢病ではなくストレス病 78
38 糖尿病になる人 79
39 ケガさえも隠れた本音が引き起こすもの 80
40 気分の浮き沈み 81
41 弱みを見せられない人は股関節がかたくなる 82

42 リウマチの裏にあるのはつらく、ひどい苦しみ 83
43 アトピーは声の代わりに出る身体の声 84
44 どんな症状も「わかりやすいところに出る」だけ 85
45 最終手段その壱「認知症」 86
46 最終手段その弐「脳卒中」「心筋梗塞」 87
47 「難病」は試練ではなく、問い 88
48 不調になる人と健康な人 89
49 僕が医者に言われたこと 90
50 本質を置き去りにした結果が今のあなた、今の社会 91
51 本当は「不調は味方」 92
52 「痛みがない場所」が一番危ない 93
53 不調は選択肢を迫られているサイン 94
54 身体の声を無視することは自分の人生を捨てること 95

第2章 卒業

55 「ありがとう」より「バカヤロウ」を身体は喜ぶ 98
56 飲み込んできた言葉を吐く 99
57 身体にとって、吐き出せないことは暴力よりもストレス 100
58 相手がいなくても吐き出す 101
59 みんな息をしていない 102
60 何も足さないのが本当の健康 103
61 我慢するなと言われて思い浮かべることⅠ 104
62 我慢するなと言われて思い浮かべることⅡ 105
63 結局、「我慢しない」とは 106
64 読んでいて不快になったら 107
65 「がんばらなきゃ」病 108
66 努力の前に「脱力」 109
67 思考は恐怖を呼ぶ 110

68 9対1がいい塩梅 111
69 身体は「利他の心」を嫌う 112
70 健康な人は情報を追わない 113
71 健康な人に友だちはいらない 114
72 悩みのない人に趣味はない 115
73 前例がないとできなくなった日 116
74 ルールにこだわるようになったのは、いつからだろう 117
75 戦いが好きな人なんていない 118
76 何も克服しない 119
77 バカは風邪をひかないけれど、マジメは大病をする 120
78 イライラするとき 121
79 ネガティブ思考で結構 122
80 離れよう 123
81 個性的に見える人 124

第3章

82 役割を演じなくていい場所へ 125
83 全員「ただの人」に戻す 126
84 核心 127
85 よそさまに時間を使うほど本音がわからなくなる 128
86 時間は命 129
87 お金 130
88 今と昔で変わったこと 131
89 みんな自由になりたがっている 132
90 覚悟 133
91 本音を遮るもの 136
92 「もっとも信じているもの」が真犯人 137
93 結局みんな「かまってちゃん」 138
94 親にしてほしかったことが人生を縛る 139

本音を探す旅

95 必ず年上を好きになる人 140
96 モテたい 141
97 もともとこじれている 142
98 話を盛る人 143
99 「メールが苦手」 144
100 自己犠牲は美しくない 145
101 慇懃無礼とネット弁慶 146
102 権威を信じるのはなぜ？ 147
103 自分の意見に執着してしまう 148
104 スケジュール管理ができない 149
105 緊張で話せない 150
106 正しくありたい理由 151
107 すぐに忘れてしまう 152

108 偏食の人 153
109 口は真逆のことを言う 154
110 「常識でしょ」と言う人の本音 155
111 「がんばります！」の裏にある本音 156
112 「エビデンスは？」 157
113 断れない 158
114 語尾を濁す人 159
115 思ったことを素直に言えない 160
116 「べき」「べき」「べき」 161
117 否定から始める人 162
118 「ふつうでいい」 163
119 親から離れる、という本当の意味 164
120 親の声が、あなたを止める 165

第4章 0秒の世界

121 一度受け入れること 168
122 本当は、大した傷じゃない 169
123 あなたが深く傷ついた理由 170
124 映画を観るように、遡る 171
125 記憶をたどる旅Ⅰ 172
126 記憶をたどる旅Ⅱ 173
127 気持ちの成仏 174
128 硬い場所を探す 175
129 紙に書く 176
130 すべてを出しきる 177
131 弱みを見せれば助けてくれる 178
132 直接言うのがもっともいい 179
133 親が大事にしているものを壊す 180
134 超長文メッセージを送る 181

135 長く時間を過ごした人には本音が溜まりやすい 182
136 「わかってもらう」ではなく「生の感情を伝える」 183
137 ぶっちゃけ、本音を言うのは怖い 184
138 スッキリ生まれ変わる 185
139 「したい」「したくない」を決しておさえない 186
140 0秒の世界 187

第5章 身体を理解する

141 すべては膜に宿る 190
142 魚肉ソーセージ 191
143 厚みを増すフィルム 192
144 感じない人 193
145 重ね着 194
146 膜をゆるめるとは 195
147 こする 196

148 はじく 197
149 あなたの症状は右に出るか左に出るか 198
150 右側の緊張が強い人 199
151 左側の緊張が強い人 200
152 本当に悪い場所は黙っている 201
153 どっちがかたいか 202
154 根本を解決しない限り同じつらさが続く 203
155 脳と身体の記憶の保存方法 204
156 思考や意思だけで人が変われない理由 205
157 細胞 206
158 細胞膜 207
159 細胞膜の記憶 208
160 胎内の記憶 209

161 先天的な性格 210
162 自分の性格に悩む理由 211
163 RPGにたとえると性格や習慣は「鎧」 212
164 感謝しなくていい 213
165 恐怖の連鎖を止めるには 214
166 「どうでもいい」は超重要 215
167 サイコパスの声は無視 216
168 細胞はすべてつながっている 217
169 赤ちゃんが健康で大人が不健康な理由 218
170 腹黒い本音に目を向ける 219
171 どの家系の影響を一番受けるか 220
172 徳を積む 221

第6章 すべては理由がある

173 見えないものは怖い 224
174 2つの極端な反応 225
175 好きと嫌いは「双子」 226
176 「自分は違う」と言いたくなるとき 227
177 「めっちゃ好き」は危ない 228
178 自然な好きは「なんとなく好き」 229
179 記憶から生まれる反応 230
180 お酒に飲まれないために 231
181 禁煙できない本当の理由 232
182 激辛チャレンジ 233
183 SNSよりも大事なこと 234
184 美しい恋愛の始め方 235
185 人肌が恋しい 236

第7章 自由な世界へ

186 子どものまま止まっている 237
187 「○○県民」への誇り 238
188 日本人 239
189 息子を愛する母と母を愛する息子 240
190 新しい親子関係 241
191 他人ではなく自分の身体感覚を信じる 242
192 戦うのではなく、棲み分ける 243
193 人に言うことは自分に言っていること 246
194 自分の言葉に気づく 247
195 休みたいけど、休めない 248
196 休むとは 249
197 付き合ってはいけない人 250
198 欲で生きる人は、怖がりだ 251

199 雨を美しいと思うか、わずらわしいと思うか 252
200 孫にはやさしい 253
201 身体は「生きたい」と言っている 254
202 逃げろ、戦うな 255
203 逃げるとは安心できる場所を探すこと 256
204 無関心の反対 257
205 愛とは 258
206 ありのまま 259
207 「これでいいのかな」は自分に問うこと 260
208 すごいもの 261
209 自由な人生 262
210 うまくいくとは 263
211 万能感を経て 264

212 「特別でありたい」の先 265
213 不快な状況は人生のテスト 266
214 組織も社会も、結局は人 267
215 完璧を目指す必要がなくなる 268
216 「許しなさい」のウソ 269
217 「わからせたい」衝動 270
218 結果を出す必要なんて1つもない 271
219 すぐ体調不良になる人ほど健康 272
220 悩みがない人の考え方 273
221 老いもあたりまえではない 274
222 聖人君子なんてどこにもいない 275
223 「あたりまえ」をなくす 276
224 消すのではなく、優先順位を低くする 277

225 何の問題もない人 278
226 僕がよくケンカする人 279
227 繰り返す理由 280
228 繰り返さないために 281
229 堂々と生きること 282
230 川の流れに身を任せる 283

第1章

本音の世界

どうして、人は「生きづらさ」を感じるのだろうか。
どうして、「つらいな」と思うのだろうか。
どうして、つらいなと思うことを、「我慢する」のだろうか。
どうして、「我慢するしかない」と、思ってしまうのだろうか。
どうして、「自分が悪い」「あいつが悪い」と思ってしまうのだろうか。
どうして、そんな自分に嫌気が差してしまうのだろうか。
どうして、そんな生きづらさの中でも、無理してがんばるのだろうか。

なぜ、なぜ、どうして。
そんな問いには、一つだけ、簡単な解決方法がある。
それは、「本音」を言うこと。
その本音とは、あなたも気づいていないかもしれない心の声。
心の中にそっとしまってしまった、幼い頃の記憶。
いつも一番近くにありながら、見て見ぬふりをしている感覚。
その存在に、気づいてあげること。
その存在を、認めてあげること。
その存在を、吐き出してみること。
自分はいつから、本音を言えなくなったのか。
それがわかると、解決できることがたくさんある。
本来の自分自身を、取り戻せ。

1
True Feelings

本音の場所

僕は、本音を出してほしいと、人に伝える。
本音とは何だろう。
本当の本音は、深い深いところに眠っている。
自分でも気づいていなかった場所に、本音がある。
それは、小さいときから親に言えなかった気持ちかもしれない。
友だちや先生に言われて、傷ついたときの気持ちかもしれない。
これ以上傷つかないようにと、フタをしている記憶。
忘れたつもりになっていた気持ち。
それが、本当の本音。
そこにたどり着くには、少しステップがいる。

2
Agonies

溜まっていく感情

どうして、本音が大事だと僕が伝えるのか。
それは、本音を言えないと、人は壊れてしまうから。
人は、生活の中でストレスを受けている。
多かれ少なかれ、言えないことがあると思う。
言えない本当の気持ちは、どこにいくのだろう?
心だけじゃない。身体にも溜まっていく。
怒りも、悲しみも、すべて身体に蓄積していく。
そして耐えきれなくなったとき、病気やケガになる。
だから、身体だけ治しても、表面だけ見ても、意味がない。
自分の本音を知ることで、心身は癒え、整っていく。

3
Bedridden days

3年間、半・寝たきり状態

僕は人生で二度、大きな課題にぶつかった。
最初は、19歳のとき。
右足と腰がしびれて、ある日動けなくなった。
痛くて、動けなくなって、生活が不自由になった。
原因はわからない。
いろんな専門家に話を聞いた。
西洋医学も、東洋医学も、霊的な専門家も。
考えうるあらゆる手段を試した。何百万円も使った。
でも、ダメだった。それから3年間、苦しんだ。

4
Heavenly moment

僕の身体を治したもの

そんな僕の状態を治してくれたものがある。
それが、「乾布摩擦」。
おじさんが半裸でゴシゴシ背中をこする、あれ。
いくつかの研究を元に、乾布摩擦の原理を、自分なりに改良してみた。
やったことは、身体を「こする」ということだけ。
約1ヶ月間。
医者もお手上げ状態だった僕の身体は、完全に治ってしまった。
地獄から、天国へ。まさに夢心地だった。
このときの方法は、今も僕の施術の柱になっている。

5
My body's voice

僕の胃に穴が空いた

しかし、話はそれでは終わらなかった。
僕は、本当に大事なことを思い知ることになる。
28歳のとき。
自転車に乗っていたら、事故を起こした。
ハンドルが身体に突き刺さり、胃に穴が空いた。
死にかけた。痛かった。つらかった。
そのとき、初めて気づいた。
僕は、それくらいの痛みを、抱えていた。心の中に。
どうしようもなくなって、身体を使って訴えてきたのだ。
僕が見て見ぬふりをしてきた、本音に気づかせるために。

6
Shout it out

本音を叫べ

僕はずっと、家族と問題を抱えていた。
言いたいことがずっとあった。それをずっと言えないでいた。
だからまず、19歳のとき身体がしびれたのだ。
心の傷に気づけ、本音を叫べというサインだった。
けれどそれは、運よく治せてしまった。
向き合う機会を逃してしまった。
だから今度は、もっと強い方法で訴えてきた。
この本音を、伝えなくてはいけない。
そう思い、事故から1ヶ月後、家族にすべて正直に話した。
話したら、すべての不調が、みるみる溶けていった。
穴が空いて手術した胃も、たちまち回復した。

7
Invisible scar

見えない傷

僕が本音が大事だと言うのには、理由がある。
物理的なケガよりも、心の傷のほうがはるかに深く、重いからだ。
腰痛や、肩こりや、頭痛や、精神的な落ち込み。
これらを表面的に取り除くことは、そう難しいことではない。
でも、対処しても、なぜかまた不調になる。
同じ症状が出たり、まったく別の病気になったりする。
僕のように、突然大ケガを負ったりすることもある。
なぜなら、身体の中にある傷が癒えていないからだ。
「言えていない本音」が、病気や事故を起こすからだ。
「見えない傷」を癒やさない限り、根本は解決しないのだ。

8

Being tested

常に試されている

そんなバカなと、あなたは言うかもしれない。
じゃあ、俺の、私の不調はすべて本音が原因なのか。
本音が言えていないから、不調になるのか。
ケガや骨折すらも、本音が原因だというのか。
それだったら、病院なんかいらないじゃないか。
答えは、「その通り」。
間違いないと、僕は断言できる。
本音を言えるようになるまで、何度でも同じことが起きる。
よりひどい、より重い形で、まるで試すように。
自分の身体を通し、お客さんたちの身体を通して。
僕はそれが事実だと言うことができる。

9

Modern medicine

現代医療のものの見方

僕がリハビリを専門とする病院で働いていたときのこと。
ひざの悪いある患者さんがいた。
どんな治療をしてもよくならず、みんなお手上げ状態だった。
僕がリハビリ担当としてその患者さんを見ていたとき。
「右手のひじの使い方」がおかしいことに気づいた。
ずっとひじを曲げたまま、胸をおさえるような姿勢だった。
その動作が原因で、余計な負担がひざにかかっていたのだ。
そこでひじを治療してみると、ひざは劇的によくなった。
では、ひじを曲げるクセはなぜできたのか？
聞いてみると、乳がんの手術をしてからそうなったらしい。
でも、病院ではそんなところまではチェックしない。

10
My experience
手術を回避した患者さんの話

もう一つ。僕が実際に病院で経験した事例。
「内側半月板」の手術を予定している患者さんがいた。
内側半月板は、ひざの関節のクッションにあたる部分。
ここが損傷しているという診断で、僕が担当させてもらった。
この患者さんは、ひざを伸ばしっぱなしにするクセがあった。
座っていても、ひざが伸びたままで曲がらない。
おや？と思ってよく見ていくと、その原因がわかった。
ひざの筋肉ではなく、股関節でひざを伸ばそうとしていたのだ。
だから、ひざの曲げ方と伸ばし方をトレーニングをしてみた。
すると、症状はみるみるよくなり、普通に歩けるように。
結果、この患者さんは手術を回避できた。

11

Just a business

医療とはあくまでビジネス

「診断された症状ではないところが実は本当の原因」

だから、その原因のほうにアプローチをしていく。

こうして手術を回避できたケースが実は何回かあった。

でも不思議なもので、病院は手術がキャンセルになると怒る。

本来手術とは、患者さんに大きな負担がかかること。

だから、リスクなしで健康になれるのは一番。

患者さんの立場にとってはそうだと思う。

けれど、病院にとっては違う。

病院はあくまでも会社組織であり、ビジネスの場になる。

だから患者さんの都合よりも、経営的な合理性を優先する。

慈善事業をしているわけではないのだ。

12
What hospitals cannot treat

合理的に突き詰めると本音の問題に行き着く

「ひざが悪ければひざを治す」、これが現代医療の見方。
僕は理学療法士だったので、そういう医学を学んできた。
そして、東洋の医学も学んだ。
どちらも、決して意味のないものではない。
救急医療をしたいときには西洋医学は理にかなっている。
予防効果などは東洋医学の考え方は学ぶべきことが多い。
でもどちらも、万能ではない。
すべての物事にはそうなった原因と、順序がある。
だから、より深く原因を探っていけば問題は解決できる。
病気やケガの理由は、最後、必ず本音の問題にたどり着く。
病院ではできない方法がある。それが僕の出した答えだった。

13
Lifespan

健康に寿命を全うする

僕が2度目に勤めた病院は「療養型」だった。
療養型とは、自宅での生活が困難な患者さんが過ごす病院だ。
寝たきりの状態や、余命宣告されている患者さんもいる。
そんな場所で患者さんたちを見ていて、感じた。
「適切な処置」を受けてこなかった患者さんが多い。
たとえばケガや病気の手術を行う。
そのあと、適切なリハビリを受けていないせいで、寝たきりに。
そんなことになってしまっているケースは本当に多い。
寝たきりの人も、適切に対応すれば回復する場合もあった。
でも、もしもこうなるもっと前に対処ができていれば。
みんな健康的に寿命を全うできるのにと痛感してきた。

14
Diagnosis

「診断名」で人は治せない

現代医療というのは、人を「診断名」で見る。
「肺炎の○○さん」、「ヘルニアの××さん」。
あくまでも、症状が主なのだ。
でも、実際には人の症状はケースバイケース。
肺炎以外にも慢性的な症状を持っていることもある。
ヘルニアに加えて、精神的な落ち込みがある場合もある。
それぞれの人が、独自の問題、課題を抱えている。
各々の人生によって、身体の不調もそれぞれになる。
でも、一見バラバラに見える症状も、実は根がつながっている。
だから僕は、身体の記憶を観て、問題を解決する。
そういう整体法を選んだ。

15

Voice of your soul

本音とは魂の声

「本音」というと、どんなイメージをするだろうか。
身近な人への不平や不満をまずは思い浮かべると思う。
ただそれは、僕の中では「グチ」の範疇になる。
グチも大事なことではあるけれど、まだまだ、本音とは言えない。
本音というのは、もっと深いところにあるものだ。
本音とは、「魂の叫び」と言い換えてもいい。
あなたの心の奥底の、声。声にならぬ、思いの塊。
生まれたときにはなかったはずの、見えない傷。
そんな傷をつけた人物への、疑問や怒り。本当の望み。
それが、僕の言う本音だ。

16
Over and over

同じことを繰り返す

見えない傷の原因は、ほぼ100％人間関係からできる。
たとえば、親に言えてないことがあったとしたら？
今、他人と抱えている問題や、不満や、苛立ち。
そうした言葉や思いは、実際には親への不満だ。
親に言えなかったことを、他人に言っているだけ。
親にしてもらえなかったことを、他人に求めているだけ。
でも、その本音に気づけず、吐き出せずにいる。
だから、付き合う人を変える。職場を変える。
趣味を変える。生活習慣を変える。
でも、同じことになる。
傷が癒えるまで同じことが続くというのは、そういうこと。

17

True or false

ウソのような真

僕たちは他人に、社会に影響されすぎている。
他人の声、他人の都合のために生きすぎている。
そのことに慣れすぎている。
実はそうした影響は、細胞レベルで蓄積されている。
あなたの身体の中に、いつの間にか刻まれている。
だから自分自身では、気づきづらい。
人間は、99％の思い込みでできている。
あなたが固く信じているもの、好きなものも、実は思い込み。
冗談のようで、本当の話。
そして、そうなった原因がはっきりとある。

18
Bad influence

すべては、誰かの影響

身体には人の影響が刻まれる。
お母さんの胎内にいたときから、今に至るまで。
他人との関係が、あなたのさまざまなところに影響を与えてきた。
考え方、趣味嗜好、物事の感じ方。
身体の動かし方、緊張の仕方、好きな人のタイプまで。
「本当はそうじゃない」ことも、勝手にクセになっている。
「本当はそうじゃない」ことをしているから、生き苦しくなる。
逆に、こうも言える。
「どんな人と接してきたか、どんな人に影響されているのか」。
それがわかると、本音に大きく近づくことができる。

19
Quit acting
なぜ、いい人をやめられないのか

たとえば、「いい人」という言葉がある。
怒る人もいるかもしれないけれど、いい人なんていない。
「いい人」に見られたいから、「いい人」でいる。
これが真実。
それが本当に心地いいならいいけれど、そうじゃない。
「いい子」でいれば怒られないから、「いい子」でいる。
そうやって、過去の体験に引っ張られている。
キャラクターを演じるようになってしまっただけ。
善意の裏には、必ず恐怖体験がある。

20
Emotions

良いも悪いも感情の問題

良い・悪いで物事を考える人は多い。
けれど実は、まったく意味がない考え方とも言える。
たとえば、人の命を奪うことは悪いことだと教えられる。
けれど、戦争で敵国の人を殺すとき。
家族の命を奪われた人が、復讐をするとき。
漫画や映画では、そういう人が主役として描かれる。
どんな人殺しだって、同情すれば肩入れをしたくなる。
つまり、僕たちはただ感情で動いているだけ。
そこに、都合よく良い・悪いをくっつけているだけ。
善悪をつけようとしている感情に、気づくことが大事。

21

Power of fear

感情や欲とはつまり、恐怖から生まれるもの

人は感情で動いている。
じゃあ、感情ってなんなんだろう。
突き詰めると、それは「恐怖」だと言える。
自由を求める人は、不自由になるのが怖い。
平和や愛を求めるのは、孤立するのが怖いから。
勝ちにこだわるのは、敗者と認定されたくないから。
幸福にこだわるのは、不幸を恐れるから。
そうやって恐怖が感情を呼び、人の行動を決めていく。
恐怖の力が、僕らを縛っている。
だから、気づいて、取り除いてあげることが必要。

22

Experience of fear

人間性も、習慣も、性格も恐怖体験から

たとえば小さいときに、親や先生に怒られた経験があるとする。
そのとき、「怖い」と思うと、人は自分を守ることを覚える。
「〜すべき」と言われてきた人は、他人にも同じことを強いる。
自分を正当化するため、言い訳がクセになってしまう人もいる。
威圧されてきた人は、他人を威圧するようになる。
そんなふうに、見えない傷に翻弄されている。
どんな善人に見える人も悪人に見える人も。
実はみんな、傷ついた自分のままでいる。
だから、囚われてしまう。自分を肯定できないでいる。

23
Facial wrinkles

顔のシワからわかること

意外なところで、顔のシワにも人の抱えている本音が出る。
人相学という学問があるくらい、顔には生き方がよく出る。
僕が見てきた中では、大きく3つのパターンがある。
1 おでこのシワが深い　→怒りを溜め込んでいる
2 目の下のシワが深い　→人を疑いやすく、自分も信じていない
3 ほうれい線が深い　→悲しみや落ち込みを抱えている
これらは施術を重ねるうちに気づいたことだ。
シワを消したいなら、嫌なことを減らすこと。
嫌な感情を発散し、嫌な人との関わりも減らしていくこと。

24
Where emotions go

感情の行き先

人の感情は臓器とつながっている。
たとえば、「怒り」は肝臓に溜まる。
その不快感を消すために、お酒を飲むようになる。
「悲しみ」は、肺に溜まる。
肺の不快感を、タバコで消そうとする。
「不安」は、血液の流れを悪くする。
身体をめぐる気が弱まって、やる気が落ちていく。
お酒やタバコが悪いの前に、我慢が悪い。
感情を我慢するほど、臓器を傷つける行動が増えていく。
冗談でも何でもなく、我慢は毒であり、万病の元になる。

25

Endurance

「我慢するのはあたりまえ」だから、ガンになる

「我慢するのはあたりまえだ」と、考える人は多い。
特に昔は、そんな教育が一般的だった。
「我慢しなさい」
そう言われ、親や大人に逆らえなかった人たち。
その人たちは我慢するのが正しいことだと嫌々納得してきた。
だから同じように、「我慢しなさい」と子どもに言う。
けれど、この我慢には要注意。
我慢のダメージは、見えないところに蓄積している。
特に、内臓のガンになる場合が多い。
「うちはガン家系」とよく言うけれど、そうじゃない。
「うちは我慢家系」。だから、同じような病気になる。

26
Stop sign

だるいは「止まれ」

身体がだるくなることがあると思う。
現代ではそれを「筋力がないから」、「体力がないから」と言う。
けれど、実際はそうではない。
本当の原因は、どうでもいいことに力を注ごうとしているから。
身体としては、自分の貴重なエネルギーは自分のために使いたい。
それなのに、あなたは他人の都合のために力を使おうとしている。
だから、身体をだるくさせて、止めようとしているだけ。
本当にやりたいことをするとき、意識より先に身体が動くもの。
だるくなるのは、やりたくないことをしているという合図。
「もう止まれ」の黄色信号。
そこで止まらないと、さまざまな形で不調が出てくる。

27

Symptom 1

肩こりや首がこるのは圧を受けている証拠

たとえば現代人の定番の症状と言えば、肩こりや首のこり。
自分の首や肩をさわってみてほしい。
かたいだろうか。やわらかいだろうか。
こりがある場合、それは「圧」が大きく関係している。
強い人や権力者からの、プレッシャーだ。
本当はしたくないのに、言うことを聞いてきた。
そんな場合、肩や首はグッと緊張し、こるようになる。
イメージとしては、首根っこを掴まれているような状態。
嫌いな先輩が肩に手を回して組んできているのをイメージしてもいい。
常にそんな状態なのだから、緊張するのはあたりまえだ。
だから、プレッシャーに弱くなった原因から取り除く必要がある。

28
Symptom 2
無理に背筋を伸ばすから姿勢が悪くなる

胸を思いきり反って、力を抜いたとき首がストンと前に落ちる人。
その人は、ストレートネックと呼ばれる状態。
本来、骨盤の上にまっすぐ座っているはずの首が、前に出ている。
内臓のおさまりも悪くなり、お腹もぽこっと出てしまう。
一般的にはスマホやパソコンのせいだと言われるが、本質は違う。
ストレートネックの原因は、「背筋の伸ばしすぎ」にある。
言い換えると、「胸を反りすぎている」のが原因。
胸椎には交感神経のスイッチがある。
人は過度な競争を強いられると、胸を反るスイッチが入ってしまう。
勉強でもスポーツでも、「がんばらねば」で、疲弊していく。
競争をやめれば、緊張がほどけて姿勢も体調もよくなっていく。

29

Symptom 3

頭痛持ちの人は細かいことに気づく人

頭痛持ちの人は、神経を張り詰めている場合が多い。
まわりの様子や変化によく気づく。
たとえば、人の様子や周囲の音などにも敏感。
だから当然、不快なものにも過敏に反応しやすい。
結果的に、頭痛という形で症状が出てきてしまう。
頭痛は、親から細かいことを注意されてきた人に多い。
小言を言われないように、小さなことに気づくようになった。
気づかないといけないと、行動するようになってしまった。
そんな自分に気づけると、頭の痛みからも解放されていく。

30
Symptom 4

喘息は悲しみの病気

喘息を持っている人も多い。
喘息とは、気道が炎症を起こして狭くなる症状。
だから、呼吸困難になって咳が出る。
そもそも、肺は「悲しみが溜まる」臓器。
だから子どものときから喘息の人は「寂しい」と言えなかった人。
悲しさやつらさを、お母さんに伝えられなかった人。
だから、自分を見てほしくて、喘息という形になる。
大人になっても長期的に続いている場合は肺炎にもなりやすい。
その悲しみ、つらさ、寂しさに気づき、吐き出すことが課題。

31

Symptom 5

「気が乗らない」と腰痛になる

腰痛も多い症状の１つ。
肩などと同様に、腰回りの筋肉が原因なのではない。
深掘りすると、腰は「やる気」と大きく関係している。
だから、乗り気でないことをやっている人は、腰が痛くなる。
その気持ちを押し殺し続けていくと、どんどん悪くなる。
「腰を痛めれば嫌なことはやめてくれるだろう」。
身体としては、そんなふうに考えている。
だから、最終的にはヘルニアやぎっくり腰になる。
自分にとって「気が乗らないこと」は何だろうか。
腰が痛む人は、そう自分に問うてみてほしい。

32
Symptom 6

寂しい人ほど太りやすい

太りやすい人がいる。
太りやすさの原因も、寂しさにある。
たとえば、両親に甘えられなかった記憶。
そうした経験から生まれた寂しさが、人を太りやすくさせる。
「1人でなんでも解決しないといけない！」
そんな責任感の強い人とも言える。
だから身体は、エネルギーを蓄えて乗り切ろうとする。
自分の身を守るための「鎧の代わり」とも言える。
けれど、意外と解決法は簡単だ。
信頼できる人が見つかると、それだけで簡単に痩せていく。
僕は何人もそういう人を見てきた。

33
Symptom 7
不眠症になるのは昼を他人のために生きているから

不眠症に悩む人がいる。
不眠症とは、どんな病気だろうか。
夜、眠れない。
それは、昼の時間、他人のために生きているから。
自分のために、まったく生きられていない。
だから、夜に自分だけの時間を生きようとする。
だから不眠症は、病気じゃない。
自分だけの時間がほしいという、あなたの本音。
「自分のために生きたい」と、小さなあなたが、訴えている。
自分のために生きられたら、眠れるようになる。
これは、本当の話。

34
Symptom 8

耳が聴こえなくなるのは
耳をふさぎたいことがあるから

突然、難聴になる人も増えている。

耳が聴こえないとは、どういうことか。

それは、「これ以上聞きたくない」という合図。

命令に従いたくない。

誰かの言いなりになりたくない。

それでもがんばってしまうと、耳が自動的にふさがる。

「仕事だから」「仕方ないから」「ここでがんばらないと」

そうして無理するほど、本音から遠ざかっていく。

「それでもまだ、言いなりになりますか？」

「君はいったい、誰の言うことを聞こうとしているんだい？」

そんな心の声にこそ、耳を傾ける必要がある。

35

Symptom 9

しびれは「自分を見ろ」の重要サイン

僕がそうであったように、「身体がしびれる」症状がある。
しびれには大きく2種類ある。
1つが、血管性のしびれ。
たとえば、正座をしたあとのしびれがこれ。
もう1つが、神経性のしびれ。
肘の裏の骨を、強くぶつけたときの「ジーン」とする感覚。
より症状が重たいのは、こちらの神経性のもの。
いずれにせよ、しびれとは外の刺激を過度に感じる状態のこと。
外との関わりを減らし、「自分を見ろ」という強いサインだ。
だから、放っておくのはとても危険。
最後には全身がしびれ、難病や脳卒中になっていく。

36
Symptom 10

四十肩や五十肩の問題は年齢ではない

肩が回せなくなる症状がある。
俗に「四十肩」や「五十肩」と言われるもの。
「年齢のせい」だと笑ったりもするが、実は年齢は関係ない。
腕が上がらなくなるのは、肩甲骨に問題が起きるのが原因。
肩甲骨とは、腕の起点であり、「翼」に相当する骨。
ここが痛むということは、不自由を感じているのが一番の原因。
自由に、自分らしく生きられていないから。
仕事でも家事でも、嫌なことを無理して続けているから起きる。
年齢が上がると出やすいのは、無理が続いた結果だと言える。
「やりたくないことをしている」ことにまずは気づこう。

37
Symptom 11

痛風は贅沢病ではなくストレス病

痛風。俗に「贅沢病」なんて言われている。
主に足の親指の付け根が痛み、歩けなくなるほど痛くなる。
男性に多い症状だけれど、当然これにもメカニズムがある。
ほとんどの場合は、仕事でストレスを強く感じているのが原因。
仕事の内容だったり、社風や上司との相性だったり。
でも、やめられないから、食事やお酒で紛らわす。
でも、そんなことより身体は早く職場を離れてほしい。
だから、前に歩けないように、足の親指に不調をつくる。
「これ以上、仕事や会社のためにがんばろうとするな」
そう伝えるために、身体の先端が不調になる。

38
Symptom 12

糖尿病になる人

糖尿病になるビジネスマンも多い。
糖尿とは、糖質を摂り過ぎることで起きる。
甘いものはもちろん、お酒や揚げもの、麺類など。
実は、甘いものを好む人は自分に厳しい人が多い。
自分に甘くない、親に厳しく育てられた人ほど、甘さを欲する。
親に甘えられず、人に頼ることができなくなってしまった。
その分の甘さを、食べものに求める。そんなイメージ。
そこから依存が生まれて病気につながる。
大事なのは、自分に甘くやさしく生きること。
そうすれば、身体が甘いものを欲さなくなる。

39

Symptom 13

ケガさえも隠れた本音が引き起こすもの

我慢が引き起こす症状は、病気だけではない。
ケガも我慢によって引き起こされている。
たとえば、脱臼。
脱臼は、関節が外れ、骨の位置がずれてしまう症状。
無理してスポーツや仕事をしている人に起きやすい。
たとえば、親や先生からのプレッシャーを受けている。
本当はやりたくはない。
しかし、圧に逆らえずに続けていると、突然脱臼になる。
関節が外れることで、外からのプレッシャーから逃げられる。
だから、身体が引き起こす。そんな理屈。

40
Symptom 14

気分の浮き沈み

気分の浮き沈みは、誰にでもある。
特に落ち込んだとき。
その解消法が、上手な人とそうでない人がいる。
それは、親などの機嫌をうかがってきたかどうかで差が出る。
機嫌のコントロールが苦手な人。
それは、親などの機嫌をがんばってとってきた人。
「機嫌は他人がとるもの」だと知らぬ間に、しみついてしまった。
だから、自分も誰かから機嫌をとってほしいと思う。
その理屈がわかれば、自分の機嫌は、自分でとれるようになる。

41

Symptom 15

弱みを見せられない人は股関節がかたくなる

外反母趾、X脚、O脚。女性に多いこれらの症状。
元をたどると、どれも「内股」の人がなるものだ。
内股とは、キュッと股を閉じている状態。
これは、「弱みを見せられていない人」に多い。
嫌なことがあっても従順に従ってしまう。
強がり、気づいていないふりをしてしまう。
弱みを見せることのできない家庭環境で育った人とも言える。
その度合いが強いほど、股関節まわりがかたくなる。
あぐらをかいたとき、太ももの外側が床につくだろうか。
つかない人は、弱みを見せていない可能性が高い。

42
Symptom 16

リウマチの裏にあるのはつらく、ひどい苦しみ

リウマチとは、関節が炎症を起こす症状。
組織が破壊されて、変形してしまうこともある。
高齢の人に多いイメージだけれど、これも年齢の問題ではない。
リウマチは、特に過酷な幼少期を過ごしてきた人に多い。
深刻な家庭環境やひどい労働をさせられてきた。
そんな人が抱え込んだ怒りや苦しみが、出る症状だ。
身体が常に炎症を起こすほどの、激しい怒りや恨み。
これを発散してあげる必要がある。
自分のことだけでなく、親が戦争などを経験してきた場合もある。
細胞膜に刻まれた傷は、遺伝することもある。

43
Symptom 17
アトピーは声の代わりに出る身体の声

アトピーのような皮膚の症状。
実は、これも同じように考えることができる。
アトピーになる人は、本音を口では一切表現できない人。
本音を言うことを許されない場所で育った人。
あるいは、胎内の頃のストレスが原因になっていることもある。
だから、「生まれつきアトピー」の人がいる。
口で表現できないから、皮膚で表現するようになった。
「自分を見てほしい」を身体であらわすようになった。
このように症状は、人の育った環境をあらわすものでもある。

44
Symptom 18
どんな症状も「わかりやすいところに出る」だけ

事務仕事の人、美容師、料理人などに多い「腱鞘炎」。
「職業病」で片付けられがちだけれど、本質はそうじゃない。
腱鞘炎とは、「手の内を隠して生きている」ことが原因。
怒りをグッと我慢し、手を握りしめる。そんな感覚。
つまりこれも、本音を言えていないことが原因なだけ。
手をよく動かすから、結果的に手に症状が出ているということ。
だから、これが喉にくれば甲状腺の病気になる。
目にくれば、ドライアイや緑内障になる。
本人が一番気づきやすい場所に症状が出る。
どんな症状も、実はそれだけのことだとも言える。

45
Last question 1

最終手段その壱
「認知症」

身体の声を無視し続けると、どうなるか。
その形の一つが認知症。
認知症というのは、「これ以上記憶したくない」から起きる。
「この世界ではもう何も感じたくない」
そう思ったとき、身体が選ぶ奥の手だ。
それほど、嫌なことを経験し続けてきた人。
なおかつ、課題に向き合うことを避ける人。
そんな人がなりやすい。
逆に言えば、本音や課題に向き合えばならないものだと言える。

46
Last question 2

最終手段その弐
「脳卒中」「心筋梗塞」

身体からの最終通告。

それが、脳卒中や心筋梗塞だと僕は考えている。

「これ以上、他人のために人生を使うなら、もう使わせない」

そんな、強い身体の意思がこもった症状だ。

倒れて、そのまま亡くなってしまうこともある。

重要なのは、助かったとき。

「我慢をやめ、自分の弱みを他人に見せられる」

そんな生き方をしないと、後遺症はいつまでも解決しない。

あらゆる症状は、僕たちへのメッセージなのだ。

47
Incurable disease

「難病」は試練ではなく、問い

かつての僕がそうだったように、原因不明の病気になる人がいる。
どれだけ検査をしても、治療をしても、解決しない。
解決したと思ってもまた同じようなことになる。
「なんで私はこんなに難しい不調が出るの？」
きっと、そうやって思うだろう。
その理由は、こう言える。
「その不調がなければ、あなたが自分を一番大切にしないから」
他人のために自分を犠牲にする。
かつて受けた傷を放置して、気づかないふりをしている。
大きな不調はそんなときに起きる。
「元のルートに戻りなさい」という、人生の岐路。

48
Healthy or Unhealthy

不調になる人と健康な人

不調になる人と、健康な人。
両者には、こんな違いがある。
不調になる人は、「〜しないと」で動く。
健康な人は、「〜したいな」で動く。
不調になる人は「ネットの情報」を信じる。
健康な人は「自分の直感」を信じる。
不調になる人は「ストレスを溜める」
健康な人は「ストレスを発散する」
このように、健康な人は自分の身体の感覚を信じている。

49
The truth

僕が医者に言われたこと

見てきたように、あらゆる症状は本音とつながっている。

だから癒やすということは、傷を知ることから始まる。

どこが傷ついているのか、何があなたの不調を生んでいるのか。

原因がわからなければ、癒やせない。

僕は腰のしびれで動けなかったとき、こう言われた。

「うまくいく可能性は50%だけど、手術するしかない」

「原因はわからない」。でも、「手術するしかない」

「ただし、うまくいくかどうかはわからないけどね」

笑っちゃうくらい、意味不明な話だと思った。

現代の医学のすべてが間違いだとは言わない。

けれど、霊感商法と同じレベルのことも平気で行われている。

50

Superficial

本質を置き去りにした結果が今のあなた、今の社会

西洋医学というのは、簡単に言うと、こういうものだ。
あなたはここが悪いです。
だから、この薬を使えば治ります。手術すれば治ります。
これって、こんなふうに言い換えることもできる。
「あなたの学歴や職歴から考えると、
この職場で働くのが最適ですよ」
「あなたの家柄、職業と年収、見た目から判断すると、
この人と結婚することで幸せな家庭を築けます」
病院も、就活も、婚活も、よく似ている。
見られるのは常に表面だけ。本質が置き去りになっているのだ。
そんな生き方に慣れるから、僕たちは不調になる。

51

Your best friend

本当は「不調は味方」

多くの人が勘違いしていることがある。
たとえば、肩こりがあるというとき。
肩のこりを「敵」や、「邪魔者」のように感じると思う。
実は、そうじゃない。
肩こりの痛みは、あなたへのサイン。
気づいてほしいことがあるという、身体からのメッセージ。
身体は言葉を持たない。
だから、痛みや症状はすべて、身体の発する言葉だ。
「今すぐ助けてほしい」。
大事なことを伝えてくれる味方だと思うと視点が変わる。

52

Pain or no pain

「痛みがない場所」が一番危ない

そもそも、肩がこる原因は肩にはない。
実は、「痛みがない」箇所にこそ本当の原因がある。
僕が右の足と腰がしびれて動けなくなったとき。
実は、本当の原因は左側にあった。
左側には、まったく痛みもなかったし、自覚もなかった。
なぜならば、完全にかたまっていたから。
右に症状が出たのは、たとえるなら「バネのおもちゃ」だ。
硬く縮んだ左側が、限界までギュッと絞られた。
その反動が、一気にボヨーンと右側に症状として出た。
そんなふうに、身体はすべてつながっている。
そして原因を深掘りするほど、結局、本音の問題に行きつく。
肩をもんでも意味がないのは、そういうこと。

53

It's up to you

不調は選択肢を迫られているサイン

不快な環境にいるとき。
無理をして嫌なことをしているとき。
身体はさまざまな方法で不調を出す。
実はこのとき、僕たちは選択を迫られている。
それは、自分の本音を出せるかどうか。
奥底に抱えている本当の弱みを認められるかどうか。
自分の課題として受け止めて、行動に移せるかどうか。
この選択をとらない限り、根本的な解決にはならない。
逆に言えば、この選択をとれれば、あらゆる不調が解決する。

54

When things go wrong

身体の声を無視することは
自分の人生を捨てること

身体の声を無視するのに慣れている人は多い。
けれど、身体の声を無視するというのは、こうも言える。
「自分の人生なんてどうでもいい」
無意識のうちに、そんな行動をとってしまう。
深酒、無理な早起き、負荷の強い運動。
本当は嫌なのに、遅くまで働いてしまう。
本当は家でじっとしていたいのに、やたらと活動的になる。
こんなことをしていたら、当然、身体は不調になる。
痛ければ無理しない。休む。やめる。
やる気が起きないなら動かない、努力はしない。
真実はシンプル。身体の声に従えば、必ずうまくいくようになる。

第2章

卒業

生まれたときが入学だとしたら、卒業はいつになるだろうか。
「死んだときが卒業」
そうだと思ったら、大きな間違いだ。
なぜなら、「卒業してから」が、人生の本番だから。
人は、誰かの影響を受けている。
影響を受けているから、依存もしてしまう。
親。恋人。子ども。友だち。ちょっとした知り合いや、美男美女。

先生。えらい人。立場が上の人。会ったこともない有名人。お金持ち。
自分でも知らないところで、影響を受けている。
彼らの言葉に傷つき、感化され、今のあなたがある。
今までは、それでよかったかもしれない。
でも、これからは、違う。もう学びはおしまい。
あなたが影響を受けてきた人たちから、抜け出すこと。
それができれば、卒業になる。
人との関係を考え直し、教わったことから、一度離れてみる。
そして、ようやく自分の人生を歩みはじめることができる。
自分のために生きていいということを、思い出せる。

55

Say "Idiot!"

「ありがとう」より「バカヤロウ」を身体は喜ぶ

「ありがとうはいい言葉」
そう教えられてきたかもしれない。
けれど、知っておいてほしい。
身体は、「ありがとう」よりも「バカヤロウ」を喜ぶ。
嫌なこと、嫌な人、嫌な環境。
そういうものに対しては、はっきりNOと言うと身体は喜ぶ。
反対にそのときNOを言えないと、身体は傷つく。
「グチを吐いたら不幸になる」は、ウソ。
しっかりグチを吐かないと、そのうち病気になる。これが真実。
あたりまえに教えられてきたことを、疑ってみよう。

56

Be honest

飲み込んできた言葉を吐く

本音を言おうと言われると、拒絶感のある人がいると思う。

「ネガティブなことは言いたくない」

「悪い言葉は使いたくない」

そうして、ネガティブなことへの恐怖感があるかもしれない。

でも、その恐怖感こそが、あなたを縛る原因でもある。

言葉を飲み込み、つらい状況や環境を受け入れてしまう。

だから、苦しさが続いてしまう。

どれだけ辛辣な言葉でもいい。

あなたの気持ちを的確に表現する言葉がある。

その言葉でしか癒やせない傷、自分の守り方がある。

57
Get it out

身体にとって、吐き出せないことは暴力よりもストレス

暴力や暴言を受けるのは、大きなストレスになる。
けれど実は、身体がもっと嫌がることがある。
それは、「暴力や暴言を受けたとき、誰にも伝えない」こと。
つまり、嫌な体験を心の内に、身体の中に留め続けること。
これが何よりも心身によくない影響を与える。
呼吸で大事なのは、吸うよりもまず吐くこと。
吐かなければ、溜まっていく一方。
だから、気持ちは言葉にしないといけない。
あなたの気持ちを、感情を、思いきりぶつける。
そこから、道が開いていく。

58

Let out your feelings

相手がいなくても吐き出す

心の内にある気持ち。
一番いいのは、それを本人に言うことだ。
けれど、当事者がもう亡くなっていたり、難しい場合もある。
そもそも、自分の気持ちを言葉にするのに慣れていない人も多い。
いきなり面と向かって言うのが怖ければ、まずは書いてみよう。
あなたの恨み、つらさ。腹の中にあることぜんぶ、書き出してみる。
何時間かけてもいい。誰に気をつかわなくてもいい。
どんな呪いの言葉でも構わない。どんな小さなことでもいい。
一度でいいから、やってみてほしい。
溜まっている毒に、気づいてほしい。

59

Take a deep breath

みんな息をしていない

そもそも現代人は、息をしていない。
息を吐くとは、まず空気を吐くことから始まる。
一説には、人は息を吐くときに出せる空気は70％だという。
このとき吐ききれずに体内に残った空気。
これが、あらゆる病気の元になっていくと。
みんな、今の社会の中ではガチガチに身体が縮こまっている。
だから余計に、呼吸は意識したほうがいい。
1日1回でいいから深く息を吐ききってみる。
ふーーーーーっ。
体内に溜まっているストレスも、一緒に吐くイメージで。

60

No Addition, no subtraction

何も足さないのが本当の健康

この世で1番簡単に身体が元気になる方法。
それは、「何も足さない」こと。
元気になるとは、「元」の「気」になること。
元に戻るとは、赤ちゃんのときのようになるということ。
ありのままの自分に戻ること。
そうなれば、あらゆる不調は勝手になくなっていく。
その点、現代人は「足しすぎ」だ。
本当は、勉強なんかいらない。
栄養をサプリで補う必要もない。
断食や運動をがんばらなくてもいい。
僕たちはまず、「引くこと」を覚えたほうがいい。

61

Let your heart free1

我慢するなと言われて思い浮かべることⅠ

我慢しないでいいよ。
そう言うと、「我慢しなきゃしょうがないこともある」。
そんなふうによく言われる。
たとえば、仕事をやめたら家族はどうなるんだ。
生活はどうするんだ。だから、我慢するしかないじゃないか。
でもそれは、ぜんぶ頭で考えた恐怖のイメージ。
実際には何も起きていないことにとらわれすぎている。
まずは本音になってみればいい。本音を言えばいい。
肩の荷が下りて、仕事をやめなくてもいいかもしれない。
家庭も今のままでいいかもしれない。
頭では思いつかなかった、別の方法がひらめくかもしれない。

62

Let your heart free2

我慢するなと言われて思い浮かべることⅡ

我慢をしないでいいよ。というと、欲望をイメージする人がいる。
我慢とは、欲をおさえることだと教わってきたのかもしれない。
暴れてください、犯罪をしてください、怠惰になってください。
そう言っているわけじゃない。
もちろん、欲望を解放してもらっても大丈夫。
でもきっと、そこじゃないと思う。
あなたが本当に我慢していることは、そういうことじゃない。
誰に甘えたい？　誰に文句を言いたい？
子どものときのあなたに戻ってみたら、よくわかると思う。

63

Release your mindset

結局、「我慢しない」とは

我慢をしないというのは、つまりのところ。
「すべき」「すべきでない」
この鎖から解放されることだと僕は思う。
ふつうとか、あたりまえとか、正しいとか。
そういう、誰かがつくったものさしから外れる。
そのときに、本当に何がしたいか。何がしたくないのか。
あなたは本当は知っている。
ただ、忘れているだけ。
忘れているふりをしているだけ。

64
Your core

読んでいて不快になったら

この本を読んでいて、つらい部分があるかもしれない。
自分が否定された気がして、嫌な気持ちになるかもしれない。
そういうところは、飛ばしてもらって大丈夫。
いったん飛ばしてもらって、気になったらまた読んでもらえればいい。
あー、ここが悪いんだと、無理して受け取らないでほしい。
あなたのことを誰も責めてはいない。
ただ、軽く受け流せない箇所があるというのであれば。
そこはもしかすると、あなたの核になる部分かもしれない。
今はとりあえずそのことがわかれば、大丈夫。
不快な感覚も、我慢をしないこと。
「実に不快だった」と、レビューにでも書いてもらえればいい。

65

Don't try harder

「がんばらなきゃ」病

「がんばった気がしないと、満足できない」

常に無理をして、身体や心に負担をかけている。

それを「がんばった」「努力した」と思い込んでいる人は多い。

そうさせているのは、「甘えてはいけない」という無意識の制限。

「がんばらないと認めてもらえない」という、思い込み。

それは、誰かに植えつけられた「ウソ」の教えだ。

真実はこう。

「がんばっているから、あなたは本当の実力を出せていない」

赤ちゃんのときの感覚を取り戻せば、もっと簡単に力を出せる。

66
Relax

努力の前に「脱力」

「がんばろう」と思ってすることは、すべて「負荷」になる。
本当は、「やりたくない」ことを無理している状態だから。
本当の努力は、全身の力が抜けたときにできるもの。
やろうと意識しなくても、勝手に動けている状態。
無意識のうちに、できている状態。
その状態がもっとも自然で、もっともラク。
そして、もっとも高いパフォーマンスを生む。
「努力しよう」「がんばろう」は、思考の悪いクセだ。
現代人は、すでに力が入りすぎるほどがんばっている。
力を抜くことから、始めよう。
「0％」から、とてつもない力が生まれる。

67
Your fear

思考は恐怖を呼ぶ

よく考えなさい。思考しなさい。
賢く決めなさい。合理的に。論理的に。
頭を使うのは、別に悪いことじゃない。
けれど実は、思考することは大きな負担になる。
一般的に言われる思考ってつまり、恐怖だから。
「こうなったら嫌だな」が、モチベーションだから。
恐怖を避けるために、頭を使う。
実は、身体にとってこれ以上ストレスなことってない。
考えるほど、自分の身体から、感覚や意識が離れてしまう。
だから余計に怖くなって、また考え込むという悪循環。
本当は、「考えるほど、恐怖の世界に迷い込んでいく」。

68

Good balance

9対1がいい塩梅

身体にとって心地いい頭の使い方。
それは、「おもしろい」と思っていることを実現しているとき。
ああなったらいいな。
こうなったらいいな。
そんな、心の奥底のワクワクを、現実化していくとき。
そういうときに頭を使うのが、一番いい。
小さい子どものように、ほとんどの部分は感覚的に決める。
最後、人に説明するときなどに、頭を使う。
「思考は、使って1割」
それくらいが本当は、いい塩梅。

69

Dangerous altruism

身体は「利他の心」を嫌う

利他の心は大事だと教えられる。
でも実は、身体がとことん嫌うのが、利他の行動。
「自分の身体を後回しにしてでも、利他の精神で生きる」
身体にとっては、拷問を受け続けているようなもの。
身体としては、どうにかその習慣をやめてほしい。
だから、病気やケガをさせてでもあなたを止めようとする。
お客さんを見ていても、よく感じる。
「本音を隠して人のために尽くすやさしい人」は、不健康だ。
まずは、自分優先でいい。
自分を一番大事にしたあと、本当の意味で人にやさしくできる。

70

Don‘t collect information

健康な人は情報を追わない

健康を追い求める人は多い。
食、栄養、運動。
きっと各々に、好きな方法や信じているものがあると思う。
けれど、気をつけてほしい。
健康を追い求めすぎれば、不安に呑み込まれてしまう。
これが正しい、これが悪いと、ジャッジをしたくなる。
本当に健康な人は、あれこれ情報を追わない。
何よりも、自分の身体の感覚を信じているから。
合っているものに自然と出会い、自然とその習慣を取り入れている。
追い求めるのをやめたときが、本当の健康の始まり。

71
No Friends

健康な人に友だちはいらない

恐怖の体験から抜け出して、本当の安心に包まれたとき。
なぜか、友だちとの付き合いがなくなる。
ウソみたいな話だけれど、これも本当のこと。
整っている人ほど、友だちがいなくなる。
それは、人に寂しさを埋めてもらう必要がなくなるから。
本当に本質を理解してくれる人が、１人でもいればいい。
自然とそんな感覚になっていく。
自分だけの時間を、もっと大切にしたいと思うようになる。
友だちを大事にしたいと思うのは、課題がある証拠。
そんなふうにも言える。

72
No hobby

悩みのない人に趣味はない

ストレスを多く抱えている人には、趣味が多い。
「〇〇オタク」のように、人やものごとを追いかける。
それも1つや2つではなく、いろんなことにはまっていく。
その状態は、言い換えると「過度な現実逃避」とも言える。
仕事や、今いる環境がつらい。嫌なことをし続けている。
その穴を埋めるように、外の世界に出かけてしまう。
反対に、悩みがない人や本音で生きている人には、趣味がない。
何かにはまることもないし、何かを理想化することもない。
いつでも、自分を助ける答えは、自分の中にあることを知っている。
自分の外側にあるのは、すべて「フィクション」。
フィクションに大事な時間を使い続けて、本当に大丈夫？

73

Unprecedented

前例がないとできなくなった日

「前例がないのでできません」
こういうのは、俗に「お役所仕事」と言われる。
「そういう決まりだから」と言って、ルールにこだわる。
それを割り切って仕事の中でやるのはかまわない。
けれど、人生の中では、使ってほしくない。
だって、あなたが子どものとき。
「こんな遊びは前例がないからできない」
なんて、一度も思わなかったはずだ。
おもしろそうなら、やる。つまらなくなったら、やめる。
昔は、すべてそうして決めていたはず。
心身の不調も同じ。前例がなくても解決する。

74
Rule

ルールにこだわるようになったのは、いつからだろう

「前例がないとできない」と考えるのは、恐怖があるから。
仲間はずれにされる恐怖。
後ろ指をさされる恐怖。
バカにされる恐怖。
怒られる恐怖。
ひとりぼっちになる恐怖。
その恐怖は、人生のどこかで植えつけられたもの。
二度と同じ思いをしたくないから、ルールに従順になる。
ルールを破れと言ってるんじゃない。
「どうしてルールにこだわるようになったのか」だ。
そこに、大きなヒントがある。

75

No more struggle

戦いが好きな人なんていない

歴史とは、戦いの繰り返しだ。と、誰かがよく言う。
歴史に限らず、どこもかしこも戦いだらけ。
誰々が悪いとか、誰々は味方だとか。
人間関係1つとっても、戦いがある。
でも、考えてみてほしい。
赤ちゃんが戦う姿を見たことがあるだろうか。
戦っているのは、「老けた赤ちゃんたち」だ。
余計なことを教えられて、苦しんでいる人たちだ。
僕たちは誰も、戦いたいなんて思っていない。
ただ、戦うのがあたりまえだと思わされているだけ。

76

Root cause

何も克服しない

何かを克服しよう。
こういう感覚も、戦いの1つ。
「弱い自分を強くする」
それって、本来の自分じゃない何かになろうとしているってこと。
そういう生き方は、実は自傷行為に等しい。
うまくいっているときはいいけど、そうでないとき、疲弊する。
根っこの問題を解決しない限りは、何も変わらない。
一瞬、ラクになった「気がする」だけ。
だから、何も克服しようとしなくていい。
「どうして克服したくなったのか」ここに向き合うのが肝心。

77

Serious people

バカは風邪をひかないけれど マジメは大病をする

昔から「バカは風邪をひかない」と言う。
鈍感すぎて、風邪をひいていることにも気づかない、という意味。
ただ現代に多いのは、バカではなく「バカマジメ」な人。
たとえば、うつ病、胃潰瘍、自律神経失調症など。
こういう不調は、マジメな人に特に起きやすい。
どんな嫌なことも、マジメに受け止めてしまう。
だから、それ以上受け止められないように、止めが入る。
マジメがいいというのは、「社会にとっては」という枕詞がつく。
他人にとって都合のいい人に、なる必要なんかない。

78
True colors

イライラするとき

人の言動を見て、イラッとした瞬間はあると思う。
たとえばネット上では、そのイライラを隠さずぶつける人もいる。
他人の行動にイラッとするのはなぜだろうか。
そこには、人のこんな思いが出ている。
「自分も本当は、それくらい自由に生きたいのに」
そんな後悔や妬みが、イライラを起こしてしまう。
本当は、自分もそうなりたいだけなのだ。
イライラしたら、「これが自分の欲望なんだ」と捉えてみる。
まず受け入れる。
「自分は違う」と思うから、他人が妬ましく思える。
他人とは、自分を写す鏡。

79

Negative is positive

ネガティブ思考で結構

「人生はポジティブに生きないと！」
みたいな教えは多い。
きっと、家庭でもそう教えられてきた人もいるだろう。
だから、「疲れた」とか「嫌い」とか。
そう思っていても、言葉にできないという人がいる。
一度、思いきり言ってみたらいい。
あー疲れた。マジでムカつく。大嫌い。
思いきり言うことで、気持ちは身体の外へ出ていく。
言わずに秘めておくというのは、その感情と生きるということ。
ネガティブな感覚とお友だちになっているということ。

80

Just stay away

離れよう

幸福とか不幸とか。こういう概念も、実は思い込みの1つ。
本当に幸福な人は、自分が幸福かどうかなんて考えない。
本当に不幸な出来事にあった人は、不幸を嘆いている暇なんてない。
誰かと比べて「幸福か不幸か考える」なんてナンセンスの極み。
1ミリでもそう考えてしまうなら、テレビもSNSもやめたほうがいい。
友達付き合いもしないほうがいい。
1週間でも1日でも休みをとって、静かな宿にでも泊まればいい。
携帯電話も持たず、海外にでも旅に出てみればいい。
1日10分でもスマホの電源を切って、ぼーっとしたらいい。
あなたを縛るものと、物理的な距離をとる。
これって、とても大事なこと。

81
Individual

個性的に見える人

話は変わるけれど。
ピアスをたくさん開ける人がいる。
タトゥーをたくさん入れる人がいる。
そういう人は不真面目なのかというと、実は真逆。
厳しい家で育ってきた人が多いと思う。
そんな環境から逃れるために、自分を傷つける。
抱えている痛み以上に自分を痛めつけることで、自分を保つ。
そんな意識が働いているように僕には見える。
結局、みんな同じなのだ。逃げる先を探しているだけ。
苦しみの解消方法がわからず、さまよってしまう。

82

Stay free

役割を演じなくていい場所へ

「役割性格」という言葉がある。
人は与えられたポジションに沿ってふるまうという意味。
これはもちろん家庭の中でも起きる。
お父さん役。お母さん役。長男長女、次男次女、末っ子の役。
みんな気づかぬうちに、「本当の自分でない誰か」を演じている。
でも、外で演じて、家の中でも演じて、ネット上でも演じて。
演じるところが多すぎて、みんな疲れてしまう。
どこか1つでも、誰か1人でも、本音を言えるところがあるといい。
社会の枠から外れて、純粋なあなたになれる場所。
そんなの見つからないと思うかもしれない。
でも、「そうなってもいいんだ」と気づいたら、必ず見つかる。

83

Just an ordinary person

全員「ただの人」に戻す

「幽霊の正体見たり枯れ尾花」という言葉がある。
「怖いものも、正体がわかると大したことない」という意味。
たとえば子どもの頃、親は大きな存在に見える。
その感覚を引きずっていると、親は大きい存在のまま。
けれど、親も、みんなただの人だ。
会社の同僚、ちょっとした知り合い。近所のおじさん・おばさん。
親をそんな感覚で、見えているだろうか。
もしも、他人と同じように見えていないのだとしたら。
あなたの中には、向き合うべき本音がまだあるということ。
親を、「ただの人」にしてみよう。
するとすべての人が「ただの人」に見えてくる。

84
Parent-child relationship

核心

親との関係性に悩んでいる人は、本当に多い。
もちろん、僕自身もその1人だった。
どんな家庭でも、親子関係には何かしらの問題がある。
だから、不調の原因も、たどれば親子関係にある。
あなたと親、そして、親と祖父母、さらにその祖先……。
あなたが我慢していることは、結局、「家の問題」に行き着く。
でも、核心に近いところほど、僕たちは気づかないふりをする。
核心に近いところほど、つつかれると嫌な気持ちになる。
だから、向き合うことを拒絶したくなる。
「わからない」「自分は違う」と思いたくなる。
まずは、そのことを知っておいてほしい。

85

Disconnect

よそさまに時間を使うほど本音がわからなくなる

だいたいの人が、毎日何かのメディアを観ていると思う。
テレビは観なくても、ネットニュースや動画を観たり。
疲れると思いながらも、ＳＮＳをやめられない人もいる。
「社会や人とつながっていないと不安」
そんな恐怖が、メディアに意識を向けさせている。
戦争も、政治経済も、不倫のニュースも。いいねの数も。
あなたの人生にはまったく関係ない。
知ったところで、どうしようもないこと。
本当に関係があること、必要なことは、必ず身近で起きる。
まずは自分を見よう。どこまでいっても、話はそれから。

86
Time is Life

時間は命

みんな忘れがちだけれど。
時間とは、すなわち命だということ。
どんな生きものも、最後には亡くなる。
だから時間を使うとは、限られた自分の命を使うということ。
日々使っている時間をすべて、「命」に置き換えてみるといい。
「どうでもいい他人や物事のために命を使うなんてバカらしい」
そう思えてくるはず。
別に立派なことをしろという話ではない。そうじゃない。
あくまでも、あなたが「自分らしい」と感じるかどうか。
満足いく命の使い方ができれば、不調も悩みもなくなる。

87
Money

お金

人生において、お金のことを第一に考える人は多いと思う。
お金がないと人生は不安だし、生きていけない。
お金、お金、お金。
そうして、人生をお金に奪われていないだろうか。
お金が欲しいと感じるのは、「安心感」がないからだ。
本来お金とは、ただの交換手段。ただの数字。
そのお金を通して、どう生きたいのか？
わからないから、不安になる。
「とりあえずお金」になって、何もできなくなる。
だから逆に、こうも言える。
あなたが自分らしく生きていたら、お金への依存はなくなる。

88
Be true to yourself

今と昔で変わったこと

そもそも遡ると、健康にお金なんて必要なかった。
日々の中で生きる知恵、病気やケガを治す知恵がたくさんあった。
それを、現代の医療はお金に換えた。
薬を生み出し、新たな病気を生み出し、名前をつける。
たとえば血圧だって、年々基準が引き下げられてきた。
「高血圧の治療」といって、「低血圧」にしているのが実際。
もちろん手術もお金になるから、病院は喜んで手術をしたがる。
病院勤務時代、それでよく医者ともケンカをした。
それだけ、「世界がお金や利権で動いてきた」ということ。
自分に本当に必要なものって何？
見極めていかないと、どんどん他人のために生きるようになる。

89

No more lies

みんな自由になりたがっている

本音を隠すのがクセになっている人には、特徴がある。
たとえば、握手をすると手がゴワゴワして、かたい。
両手を組んだり、脇腹を隠したりする。
キュッと内股になっている。
お金の話をするとき、ぎゅっと手をにぎりしめるクセがある。
言葉ではウソをつけるけれど、身体はウソをつけない。
僕にはその姿が「助けてください」と言っているように見える。
余計なお世話だけれど。
でも本音では、みんな自由になりたがっている。

90
Your decision

覚悟

「覚悟」という言葉がある。
簡単に言えば「決めること」だ。
ただ、この決めるというのが難しい。
頭で決めても、意思で決めても、すぐにくじける。
大事なのは、「腹で決める」ということ。
昔の武士たちは、何事も腹で決めていた。
だから、ぶれないし、折れない。
腹で決めるとは、自分の感じたことを貫くことだ。
「腹にある感覚」がわからない人には、覚悟は決められない。
つまり、「本音がわかれば、自然と覚悟も決まる」。
僕は、そう思っている。

第3章

本音を探す旅

本音を言えたら苦労なんかしないよ。
そんなふうに、思うかもしれない。
そんなふうに、思ってきたかもしれない。
でも、本当はそうじゃないことを、どうかわかってほしい。
真実は、「本音を言えないから、苦労が絶えない」だけ。
あなたが溜めて溜めて、我慢してきたこと。
言われて、傷ついたこと。

あのとき、本当にしてほしかったこと。
ずっと、本当にしたかったこと。
あなたの身体の中には本音がしっかりと刻まれている。
そこにたどり着き、言葉にできれば、世界が変わる。
比喩ではない。本当に世界が変わってしまう。
景色は色づく。地に足がつく。
しっかりと呼吸ができる。感覚や頭がさえる。
不快な感覚が消えていくのがわかる。
正体のわからない不安や恐怖、思考による制限がなくなっていくのがわかる。
だから、あなたの本音を探す手伝いをさせてほしい。
言葉にできれば、行動できれば、世界が変わる。

91
Obstacle

本音を遮るもの

本音で生きて、本音を言えば、すべて解決できる。
これほどシンプルでいて、確実に人生をラクにする方法はない。
僕はそう確信している。
けれど、ほとんどの人が本音に気づくことはない。
実は、本音を言えない人ほど、本音を拒絶する傾向がある。
「そんなことで解決できるわけがない」
「私は本音で生きている」「何も問題なんかない」
そんな感情・反論こそが、あなたの本音を遮っているもの。
人は内を見つめられないときほど、外を見る。
科学、有名人、医療、スピリチュアルな世界など……。
外側の世界にある「すごそうなもの」に解決策を求めてしまう。

92
Imprinting
「もっとも信じているもの」が真犯人

この世に生を受けてから、今に至るまで。

僕たちは、自分でもわからないところで無数の洗脳を受けている。

洗脳という言葉に嫌悪感があるなら、「影響」と置き換えてもいい。

世の中にあふれるありとあらゆるものに、影響されまくっている。

「これが普通」

「それが正しい」

「そうするのが常識」

いつ、誰に教わったのかも忘れてしまう。信じきってしまう。

でもそのすべては、本当は他人が勝手に決めたもの。

そう思い込まされているだけ。疑うのをあきらめただけ。

だから、あなたがあたりまえに信じているものが、本音を遮る正体。

93

Attention seekers

結局みんな「かまってちゃん」

あらためて、「本音」って何だろうか。
ものすごくざっくり言うと、「かまってくれ」。
この一言に尽きる。
みんな、「かまってちゃん」なのだ。
好きに甘えさせてほしい。好きだと言ってほしい。
やりたいことをさせてほしい。嫌なことを理解してほしい。
細かい部分はそれぞれだけれど、根は同じ。
深層心理がどうとか、そんな勉強はしなくてもいい。
だって、答えはあなたの中にあるのだから。
そんなヒントとして、本音の例をここでは紹介していこう。
気になるものだけ見てもらえればいい。

94

Influence of parents

親にしてほしかったことが人生を縛る

影響の中で特に強いのが、親の言動。
親の影は、さまざまなところで出てくる。
言われたこと・されたことだけがすべてじゃない。
逆に「してくれなかったこと」があなたを縛ることもある。
甘えたかった。
褒めてほしかった。
守ってほしかった。
そんな、「してくれなかったこと」が、傷になる。
その傷を埋めるように、あなたは生きるようになる。
親の幻を、他人の中に見るようになる。

95
case 1

必ず年上を好きになる人

たとえば「年上男性」が好きな人は多い。
こうなる背景には、大きく2つの要因がある。
1つは、お母さんが強烈だったこと。
感情的に怒ったり、ルールを強制したりするお母さん。
もう1つは、お父さん。
お母さんに怒られているとき、お父さんが守ってくれなかった。
守ってほしかったのに、何もしてくれなかった。
そう感じている人は、「守ってくれる人」を求める。
「守ってもらえる人」になろうとする。
だから、「若さ」や「美しさ」に執着が起きる。
本当は、「あのとき守ってほしかった」と親に言いたいだけ。

96
case 2

モテたい

「モテたい」と思う。
それを、「生物の本能」だと言う人もいる。
ただ、僕の解釈ではそうではない。
モテたいとは、「持っていたい」と言い換えられる。
つまり自分にないものを身につけて、人に愛されようとする状態。
「何も持たなくても裸のままで愛される」
そんな体験や時間が今まで足りなかった。
そんな人ほど「モテる」ことに価値を置くようになる。
でも、本当はたくさんの人にモテたいわけじゃない。
「何も持っていない自分」を愛してくれる人を求めているだけ。
自分の弱みを見せることができれば、そんな人があらわれる。

97
case 3

もともとこじれている

「こじらせている」という言葉がある。
たとえば、「お受験」をがんばってきた人たち。
優秀で、親や先生の期待にがんばって応えるために生きてきた。
そういう人が、どこかで挫折を経験したとき。
親や先生の期待に応えられない自分には、価値がないと思う。
だから必要以上に、自分を蔑む。
一方で、自分はがんばってきたというプライドもある。
だから、ちぐはぐになって、こじらせる。
でも、問題はそこじゃない。
「もともとが、おかしかった。最初から間違っていた」
今すぐ自分のためだけの人生を始めたいと、宣言すればいい。

98
case 4

話を盛る人

話を大げさに盛る人がいる。
1のことを10にも100にもして話す人。
このタイプの人は、「注目」を求めている。
親に話を無視されたり、放置されてきた人などに多い。
一番かまってほしい人に相手をされなかった。
その結果、「人の注目を奪う」ことがクセになってしまった人だ。
だから、不倫や離婚などのトラブルも起きやすい。
症状としては、顔まわりに不調が起きやすい。
目や鼻などを整形する人も多い。
それもすべて、より多くの「注目」を集めるため。
でも本当は、「親に自分を見てほしかった」。これが本音。

99
case 5

「メールが苦手」

文章のコミュニケーションが苦手な人がいる。
内容をものすごく考えてしまう。何度も推敲をしてしまう。
だから「返さなきゃ」と思いながら、なかなか手をつけられない。
それは、ミスを極端に恐れているから。
自分には価値がないと、極端に思い込んでいるから。
たいていが、親に言われたひと言が刺さっている。
「あんたなんて産まなきゃよかった」
これに近いような、否定的な言葉が刺さっている。
そのひと言に、はっきりと言い返す言葉を見つければいい。
そうすれば、今からでもこのトゲは抜ける。

100
case 6

自己犠牲は美しくない

自分の都合よりも他人を優先してしまう。

そんな行動を取るようになってしまうのはなぜだろうか。

「子どもは親の言うことを聞くのがあたりまえ」

「育ててやってるんだから言うことを聞け」

このように、恩着せがましく育てられてきた人に多い。

本当は自分のことを優先したいのに、人を優先してしまう。

「私は自分のためだけに生きる」と宣言するといい。

「あなたのせいで人生をムダにした」

それくらいの本音を、本当は抱えている。

その本音を、本当は親に言いたがっている。

101
case 7

慇懃無礼とネット弁慶

慇懃無礼という言葉がある。
丁寧すぎて、逆に不快に感じさせる、という意味。
たとえば、メールになると急にかしこまる人がいる。
仲の良い同僚に対しても「○○さま」と言ってみたり。
逆に、ふだんはおとなしいのに、ネット上ではよくしゃべる。
「ネット弁慶」と呼ばれるタイプの人も多い。
それらは、「本当の自分がわからない」から生まれる現象。
いろんな自分を用意して、どれも極端な態度になってしまう。
だからネットで吐く言葉も、実はまったく本音ではない。
本音がわからなくなって、混乱している状態とも言える。

102
case 8

権威を信じるのはなぜ？

権威を信じる人は、とても多い。
「〇〇さん」が言ってるから大丈夫。
「国」や「ニュース」や「新聞」が言ってるんだから。
そうやって、自然と信じてしまう。
背景には、自分のありのままを認めてもらえなかった経験。
そして、「親もそうだったから」という理由もある。
親が好きだったものと近づけば、自分も愛されるから。
そんな無意識の感覚が、人を権威好きにさせてしまう。

103
case 9

自分の意見に執着してしまう

一度「これだ」と思うと、考えを決して曲げない人がいる。
聞こえはいいが、つまり「自分の考えに執着する」状態。
その度合いが強いほど、人生で強い否定を受けてきたと言える。
たとえば親に、「あんたの考えはおかしい」と言われてきたなど。
そうした否定されてきた事実が原因になっている。
だからこそ、ちょっとしたことでも自分の考えを変えたくない。
意見を変えることは、人生の軸が変わってしまう気がするから。
このタイプの人は、弱みを見せれないことが多い。
特徴としては、股関節まわりがかたい。
親にはっきり言い返すことが課題。
「おかしいのはあんた」だと、言われたことをそのまま返せばいい。

104
case 10

スケジュール管理ができない

数週間や数ヶ月など、中長期のスケジュール管理が苦手な人がいる。
今日や明日のことはできても、先の話になると手がつかなくなる。
目標を立てるのも苦手だし、予定を決めるのも苦手。
そうなってしまうのは、なぜか。
「今この瞬間、安心で安全な生き方をしていないから」
「今が不安」の状態では、たしかな目標や計画が立てられなくなる。
地図アプリで言うなら、「現在地が不明」の状態だ。
だから、目的地を設定したってたどり着くことはできない。
このケースの場合、下半身全体に不調が起きやすい。

105
case 11

緊張で話せない

緊張でうまく話せなくなるようなことはあるだろうか。
特に人前で話すときなど、異様に緊張することがある場合。
それは、「人から注意されることを警戒している」証拠。
たとえば、過去のこんな経験が影響している。
「ミスや失敗をしたとき、ひどく責め立てられた」
そんな経験があると、人の意見や批判に敏感になる。
ミスしたくない。怒られたくない。批判されたくない。
このタイプの人は、肩まわりがガチガチになってることが多い。

106
case 12

正しくありたい理由

正しさにこだわる人もいる。
悪いものをはっきりさせたい。正解をはっきりさせたい。
そうした傾向のある人。
それは、親に正しさを押しつけられてきた人だ。
親の言う「正しさ」に従うことを強制されてきた。
「他人を正しさで動かすことができる」と知ってしまった人。
だから、人にも同じようにふるまってしまう。
「正しい側」にいて安心を得ようとしてしまう。
本当は、正しさなんてどうだっていいのに。
ただ、自分のしたいように生きたいだけなのに。

107

case 13

すぐに忘れてしまう

言われたこと、頼まれたこと、会話の内容などを忘れる人がいる。
それも、一瞬で。
これは簡単な話。「最初から聞いていない」のだ。
正確には、聞いてはいるけれど、まったく頭の中に入ってこない状態。
「聞いたふり」がうまいので、実は聞き上手にも見えたりする。
特定の人と話すときに起こる場合もある。
誰と話していても、そうなる場合もある。
背景としては、親と価値観の合わなかった人に多い。
小さいときから、「嫌だなぁ」と思いながら家族と接してきた。
だから、話を聞きたくなくなってしまった。
症状としても耳に不調が出る人が多い。

108
case 14
偏食の人

食にも、人の生き方が出る。
たとえば、「○○しか食べられない」という偏食の人。
それは、親に偏った愛され方をしてきた人に多い。
何かの部分では圧倒的に愛され、別の部分では冷たくされる。
そんなことがあると、食べるものも偏っていく。
「定番のもの」しかおいしいと感じない人もいる。
オムライスやチャーハンのような、食べ慣れたものが大好きな人。
そういう人は、「定番」や「王道」が一番だと教えられてきた人。
「好き嫌いがあるのは問題」という話ではない。
今の食生活で、心身がすこぶる健康であれば、「合っている」。
そうでなければ、「合っていない」ということ。

109

Deep down

口は真逆のことを言う

本音を探る上で、もう1つ大事なことがある。

それは、「口は、本心と真逆のことを言う」ということ。

「ぜんぜん気にしてないから、大丈夫」

「私はサバサバしてるから」

「私は不真面目」

本当はぜんぶ、逆。

気にしてるし、執着するし、力が入ってる真面目な人。

「そうでないといけない」という、強迫観念が強い人の言葉だ。

自分のふとした口癖には、本音に気づく大きなヒントがある。

あなたはいつも、なんて言ってるだろうか？

110
Signature phrase 1

「常識でしょ」と言う人の本音

「そんなの常識でしょ」

「常識がないんじゃないの?」

「ふつうに考えたらわかるよね」

……こうした言葉を使う人。

その本音は、やはり真逆。

そんな常識は大嫌いだし、みんなと同じようになんかなりたくない。

だけど、そうしないといけないと思っている。そう教わってきた。

だからこそ、常識を強くうたう。

常識という言葉を借りて、我慢する生き方を肯定しようとしている。

本音は、「苦しい」「生きづらい」なのだ。

111

Signature phrase 2

「がんばります！」の裏にある本音

「がんばります！」が、口癖の人。

一生懸命に見えるし、まじめそうに見える。

でも実際には、「がんばりたくない」人だ。

「これ以上、がんばりたくない」

「もともと、がんばるのが嫌い」

実は、そんな人。

がんばるのは嫌いなのに、がんばることを強いられてきた。

がんばらないと、価値がないと教わってしまった人。

112

Signature phrase 3

「エビデンスは？」

「エビデンスは？」と、口にする人。
「根拠はあるの？」と、明確な理由を知りたがる人。
科学のように、目に見えるものを執拗に信用する人。
そんな人は、実は「目に見えないもの」にふり回されてきた人。
たとえば、「親の感情」。
口では「好き」と言っても、ひどい八つ当たりをされてきた。
そんな経験をしてきた人は、目に見えるものを信じるようになる。
頭で理解できるものだけを信じようとする。
裸のままの自分を愛してくれる環境がなかった人だと言える。

113

Signature phrase 4

断れない

「断るのが苦手」という人も多い。
なぜ気軽に断れないのだろうか。
それには、こんな背景がある。
昔、親などに逆らったり、断ったりしたとき、不都合が起きた。
たとえば、怒られたり、寂しい思いをしたりした場合。
もう1つ。家庭で自分の存在価値をあまり感じられなかった場合。
家庭で居場所がなかったから、社会での役割を求めてしまう。
こうして断れない人は、首まわりがガチガチになる。
あなたの首まわりの緊張はどうだろう。

114
Signature phrase 5

語尾を濁す人

「〜とか……」と、言葉の語尾を濁すのが口癖の人。
こうして断定を避けたがるのは、誰かに拒否された経験のある人。
たとえば、「絶対遊園地に行こうね！」と親に言う。
けれど、それが実現しなかった。
そんな経験があると、ものごとをはっきり伝えられなくなっていく。
ほかにも、たとえば習い事をやりたいと、親に頼んで始めた。
けれど、嫌になってやめてしまった。
そのとき、親に「意志が弱い」と責められたなどの経験をした場合。
決めることに負い目が生まれ、断定を避けてしまう。
断定を避ける人は、不調があちこちに出る。
症状自体も不思議と、優柔不断なのだ。

115

Signature phrase 6

思ったことを素直に言えない

優柔不断とはちょっと違うが、こんな口癖もある。
「ここが使いにくい。いや、いい商品なんだけどね」
というように、本音を言ったあと、ついフォローをしてしまう人。
これは、自分の考えを受け入れてもらえなかった人に多い。
たとえば、「塾に行きたい」と言う。
そのとき、「えっ。こんなにお金がかかるの？」
など、第一声が否定的な言葉だった場合など。
こうしたやりとりが続くと、自分の考えを濁してしまう。
本当は「そうだね」「いいね」と同意してほしいだけ。
このタイプの人は、言葉を飲み込むので肌トラブルになりやすい。

116

Signature phrase 7

「べき」「べき」「べき」

〜すべき、〜すべきでないと言ったり、そう考えて行動する人。

このタイプの人は、家庭の中でルールを強いられてきた場合が多い。

「男なら○○であるべき」「女なら○○するのが当然」

「長男だから」「長女だから」

そのことに黙って従ってきた人ほど、他人にも同じことを強いる。

「〜すべき」で動く人は、背中がかたくなる。

イメージとしては、背中に十字架を背負っている状態。

足首まわりや足回りのケガや不調も多い。

足首に鎖が絡まってるイメージをするとわかりやすい。

その十字架や鎖を外すためには、本音に気づく必要がある。

117

Signature phrase 8

否定から始める人

否定的な会話がクセになっている人がいる。
「いや」「でも」と、どんな会話でも否定から入る。
これは、自分の意思や存在を否定された経験が原因。
否定された、無視された、その怒りが否定的な言葉になる。
まずは、他人を否定しないと気が済まないのだ。
このクセは、その習慣をつけた本人にぶつけるまで終わらない。
つまり、親を中心とした、大元の原因になった人たち。
きちんとぶつければ、そのクセは終わる。

118
Signature phrase 9

「ふつうでいい」

「ふつうでいい」「ふつうがいい」
そんなふうに言ったり、考えたりする人がいる。
これってつまり、「みんなと同じがいい」ということ。
その背景には、「自分らしさがわからない」。
「自分を知ることが怖い」という感覚がある。
難しい選択を、自分で決めたくない。
自分の人生の根っこの課題から、逃げたい。
そんな感覚が、ふつうが一番という気持ちにさせる。
でも、当然、それはつらい。我慢するほど、どこかがつらくなる。
「ふつうになんかなりたくない」が本音。

119

Independent from parents

親から離れる、という本当の意味

見てきたように、親との関わりは人生に大きな影響を与える。
ぶっちゃけ、ほぼ１００％親が本音に絡んでくる。
だから本音を探すとき、まずは親について考えてほしい。
そもそも僕たちは、親を大事にしようと教えられる。
親の言うことは聞くべき。
親にはやさしくすべき。
親の望みには応えるべき。
この「べき」を、まずは外すことが大事。
一度、親から離れること。
親の存在ありきで自分の人生を考えないこと。
それが本当の自立の、第一歩。

120
What's holding you back

親の声が、あなたを止める

どうして親から離れないといけないのか。

それは、「親の声」が、あなたの思考や行動を縛っているから。

気づかないところに、声は潜んでいる。

「そんなの無理だ」

「できるわけがない」

その抵抗を生んでいるものが、親の声だとしたら？

大なり小なり、みんなトラウマを抱えている。

親に言われてきたこと、教えられてきたこと。

それをまず、疑ってみる。

それができると、早くラクになれる。

第4章

0秒の世界

僕たちの中にある小さな傷。
この傷が、僕たちの人生を大きく変えてしまう。
性格や、行動や、習慣や、考え方、働き方まで。
あらゆるものを制限する原因になっている。
でも実は傷は、他人から見れば大したことない。
本当に小さな小さなものであることも多い。
ただ単に、ふれるのが怖くて、放っておいただけ。

家の中にいる虫をひょいとつかんで、外に出す。
実はそれくらいのことで、治ってしまうくらいの傷の場合がほとんど。
でも、見て見ぬふりをするから、どんどん怖くなる。
いるかな？ いないかな？ 大丈夫かな？
どうしようもない不安と共同生活を送るようになる。
確認すればいい。
対処すればいい。
そしたら、安心して過ごすことができる。
たったそれだけのこと。
だからここでは、あなたの傷と本音の具体的な見つけ方を考えてみる。
終わってみれば、「どうってことない」ことがわかるはず。

121

Acceptance

一度受け入れること

健康的に、悩みのない人生を送る。
そのためにはどうするか。
一言でいえば、「本音で生きる」ということ。
じゃあ、どうすれば本音で生きられるかというと。
「一度すべてを受け入れること」
そんな言い方ができる。
自分の傷。そのときにまとわりつく不快な感情。
怖いという気持ち。それもすべて、受け入れる。
受け入れられれば、癒やしていくことができる。

122
No big deal

本当は、大した傷じゃない

逆に、「なぜ受け入れられないか」を考えてみよう。
それ以上見たくない。思い出したくない。
そんな恐怖が、あるからだ。
怖いのは当然だ。だって、身体はよく覚えているから。
誰もが、そんな恐怖体験をしてきている。
ただ、一つ知っておいてほしい。
「あなたが抱えているのは、大した傷じゃない」ということ。
ちょっとしたトゲのようなものだ。
それを大げさに感じてしまっているだけ。

123

You are hurt

あなたが深く傷ついた理由

ちょっとしたケガなのに、どうして向き合うのが怖いのか。
それは、あなたが小さな、純粋な子どもだったから。
人間や、人間の世界がどういうものか知らなかったから。
だから、大人はみんな大きく、より怖く見えた。
大人から見れば小さな傷も、大きく感じた。
でもあなたは、多くのことを経験してきた。
がんばって、社会になじむための我慢や練習をさせられた。
あのときとは、もうぜんぜん違う。
そう思って、「傷」の正体を見てみてほしい。

124
Recall

映画を観るように、遡る

一例として。
自分の傷を知りたいときは、ゆっくりと記憶をたどってみる。
大きく息を吐いて、力を抜いて、リラックスする。
どんなシーンを思いだすだろうか。
映画館で映画を観るように、静かに、鑑賞してみよう。
泣いている自分が見えるかもしれない。
寂しそうにしている自分が見えるかもしれない。
そういう映画だと思って、見守ってみる。
もっとも古い、印象的な出来事に、入っていく。

125

Retrieval 1

記憶をたどる旅Ⅰ

記憶をたどっていくと、あるシーンにたどりつく。
それは、あなたが怒られたところかもしれない。
親がケンカをしている姿かもしれない。
一人でぽつんと立っている自分の姿かもしれない。
そんな小さなあなたを、見つけてあげる。
そして、話を聞いてみよう。
「そこで何をしているの？」
しばらくの間、小さな自分と会話をしてみる。

126
Retrieval 2

記憶をたどる旅Ⅱ

話を聞いたら、その上で、考えてみる。

「今、この子にどんな言葉をかけてあげたいか」

「よくがんばったね」

「守ってほしかったのにね」

「もっと、見てほしかったよね」

「苦しくて、つらくて、どうしようもなかったよね」

そんな言葉こそが、子どもの頃、あなたが本当に欲しかった言葉。

それが、あなたの本音。

その一言に、実はすべてが詰まっている。

127

Let it go

気持ちの成仏

傷を見つける、本音を見つけるというのは、そう難しくない。
そうして本音を見つけてあげるだけで、成仏する気持ちもある。
驚くほど、気が軽くなると思う。
ただ、怖いと思うから、一歩を踏み出せない。
それだけだ。
でも言ったように、今のあなたが見れば「実は大したことない話」。
その事実をあなたが知るだけで、解決できる問題がたくさんある。
ものの数分でできるので、ぜひ試してみてほしい。

128
Your hard point

硬い場所を探す

僕の施術では、肌にふれることで身体の緊張を探っていく。
基本的には、考え方は同じ。
右側に硬く詰まった箇所があれば、男性性がからんだ傷。
左側の場合には、女性性から影響を受けた傷になる。
そうして会話をしながら、思い出していってもらう。
詳しい理屈については次の章でも説明している。
興味があれば、見てみてほしい。

129
Write down

紙に書く

本音を見つけるもう１つの方法。
それは、紙に書くということ。
たとえば、「親に思うこと」のようなテーマを設ける。
そして、自分の思うことを書く。
どんなくだらないことでもいい。思いついたことを書く。
スマホではなく、ペンで、紙に書いてみてほしい。
目標は、１００個。
でも実は、０・１でもいい。
「ペンを持って紙に書こうとする」
これが、０・１。最初の、大事な大事な一歩。

130
Release

すべてを出しきる

そんなふうに言うのは、本音とは、出しきることが大事だから。
出しきって、出しきって、何も言い残さないこと。
これが一番大事なこと。
自分の弱いところ、醜いと感じるところも、ぜんぶ出してほしい。
世の中には、それを「甘え」や「弱さ」だと考える人もいる。
でも、そうじゃない。
そう言う人こそ、「本当は誰かに甘えたい人」
「本音を出すことは甘えだ」と思わされてきた人。
だから、そんな声はぜんぶ無視して、出しきってほしい。
するとあなたの人生には、新しい展開が待っている。

131
Child care

弱みを見せれば助けてくれる

「子どもがいるのに本音なんて出せない」
そういう声はよくある。
でも実は、それも思い込み。
子どもにも、あなたのありのままの本音を伝えてみるといい。
親やパートナーにもどんどん頼ればいい。
誰でもいい。まわりの人に本音を伝えてみること。
そうすれば必ず誰かが助けてくれる。
子どもも、きっと理解してくれる。
そして子どもも、本音の人生を生きてくれるはず。

132
Life Concepts

直接言うのがもっともいい

自分の魂レベルの本音がわかってきたら。
本当は、本人に直接伝えるのが一番いい。
僕は、その人を引っ張ってでも、本音を直接言ってもらう。
たとえば、パートナーへの本音があるお客さん。
何度僕のところに来ても、本人にだけは言えていなかった。
だから、パートナーを呼んでもらって、直接話してもらった。
2人とも泣きながら、最後は笑って、帰っていった。
直接言えば、確実に消える。確実に癒える。
僕の本音を言えば、ぜひそうしてほしい。

133

Crash

親が大事にしているものを壊す

気づかないふりをしているけれど、誰もが親に恐怖を感じている。
僕が考える最強の解消方法は、「殴る」と「壊す」だ。
本人を直接、殴るわけではない。
「親の名前を書いたクッション」を殴ろう。
紙に書いて、貼り付ける。そして殴る。
思いきり。本気で。全力で。
あるいは親の大切にしていたコップなどを破壊する、でもいい。
もう支配なんかされない、自分は自由だと宣言する。
特に暴力を受けたトラウマなどにはてきめんの方法。

134
Long message

超長文メッセージを送る

言葉やルールなどで圧を受けてきた人も多い。
この場合、思いつく限り、不満と怒りの手紙を書こう。
超・長文で。
電話で「お前のせいで人生が狂った！」とはっきり伝えるのもいい。
溜め込んできたものを、すべて吐き出そう。
絶対に、感謝なんかしなくていい。
モラルなんか捨てて、腹黒いものをすべて出し切る。
そうすると、自分を縛っていたものが消えていく。
そのとき、本当の「親離れ」ができる。

135

Partner

長く時間を過ごした人には本音が溜まりやすい

親の話が中心になるけれど、もちろん違う場合もある。
もう1つよくあるのは、パートナーへの本音。
つまり、より長い時間を過ごした人への言葉が多くなる。
僕の場合は、元パートナーへの本音があった。
元パートナーは強い人だった。
言い換えると、支配的な人だった。
その強さに飲まれて、僕は常に萎縮していた。
自分の意見を言えず、いつでも空気を読んでいた。
そのときの後悔の連続が、僕の本音の正体だった。

136

No more expectations

「わかってもらう」ではなく「生の感情を伝える」

本音を伝えようと言うと、「言ったけどわかってくれない」。
そう答える人がいる。今までも何度か言い返したことはある。
でもそのたびケンカになり、嫌な思いをしてきたという。
それは、「わかってほしい」という前提で、言葉を交わしているから。
本音を言うとは、会議をすることじゃない。
別に、「わかってくれなくていい」のだ。
言いっ放しでいい。1ミリも理解を求めないでいい。
正論じゃなくていい。筋が通っていなくていい。
言いたいことを、生の感情を、そのままぶつけること。
「これが自分だ」を明確に、伝えること。
それが、本音を伝えるということ。

137

Fear of telling the truth

ぶっちゃけ、本音を言うのは怖い

親に本音を言うなんて、とてもじゃないけれどできない。
きっと、あなたもそう思うだろう。
実は、これだけ本音を言えと言っている僕自身が、超怖かった。
僕の場合は、家族の仲裁役をずっとしてきた人生だった。
6歳の頃に親が離婚をし、母と姉はいつもケンカをしていた。
だから僕は空気を読み、要領よく立ち回った。
母と姉の間を取り持ち、賢く見えるようにふるまった。
そのうち、自分がどうしたいのか、わからなくなった。
自分の生き方がわからなくなってしまった。
そのことに、気づきもしなかった。

138
Reborn

スッキリ生まれ変わる

その後、しびれが起きて、自分の身体と向き合うようになる。
でも独立をしようと考えたとき、母に反対された。
そうこうしているうちに、胃に穴が空く事故を起こした。
そのとき僕は「家族にずっと人生を邪魔されてきた」と感じた。
「家族のせいで、読みたくもない空気を読まされてきた」と思った。
そうか、そんなふうに思っていたのかと、自分でも驚いた。
その思いを、率直に話した。父親と姉にも話した。
結果、母は理解を示し、謝罪してくれた。
姉や父とは理解し合えることはなかった。
でもそんなの関係なく、僕は生まれ変わったようにスッキリした。
これが、僕自身の体験談。

139
Don't Force

「したい」「したくない」を決しておさえない

いろいろ言っているけれど、ぶっちゃけ、方法は何でもいい。
本音を探すのは簡単なことだから。
というか、探す必要なんてない。
いつだってそこにあるものだから。
身体の中に、しっかりと刻まれている。
でも、あなたの「〜したい」「〜したくない」を思考が邪魔する。
あなたに傷をつけた人たちの言葉が、それを邪魔する。
だから、解決すべき課題は「あなたを制限するもの」にある。
ただそのことだけを、知ってほしい。

140
0 seconds

0秒の世界

本音とは、0秒の世界だ。

0・0000000000……限りなく0に近い世界の感覚。

たとえばふと、「コーヒーを飲みたい」と思う。

でも、「カフェインが入ってるから身体に悪いかな」と考える。

前者が、本音。後者が、思考だ。

「仕事をやめたい」→「お金がないからやめたら危ない」

「腰が痛いから休みたい」→「でも家族がいるから」

こうして、理由をつけて、本音を無視しようとする。

すべては、あなたの最初の感覚を信じること。

あとに出てきた考えや思いは、すべて疑うこと。

第5章

身体を理解する

「身体の中には、膜がある」

「身体の膜は、あらゆることを記憶している」

あるとき、はっきりと気づいた。

すると、あらゆることが理解できるようになった。

あらゆる現象の理由を説明できるようになった。

身体のことを理解できると、心のことも理解できる。

すべてがつながっているということを、納得できる。

現代医療では説明できない現象も、腹の底から理解できる。
信じてもらわなくてもいい。
疑ってもらって構わない。
僕のところに来る人も、実は、みんな半信半疑。
だから、ここでは、僕が実際にしていることを紹介する。
実際に説明していること。
実際に行っていること。
僕が1万人以上の人を見てきて、真実だと考えていること。
それを包み隠さず、伝えてみようと思う。
唯一のポイントは、「身体はシンプル」ということ。
身体の声は、僕たちのすべてをあらわしている。

141

Membranes

すべては膜に宿る

人の不調の根本はどこにあるか。
西洋では、筋肉や関節、内臓の問題だと考える。
東洋では、ツボや気の流れ、食事などの影響を考える。
でも本当の原因は、それらではない。
「膜にある」
というのが、僕の考え。
膜？ なんだそれ？ と思うだろう。
この膜のことを理解できると、不調への向き合い方が変わってくる。

142
Like Fish Sausage
魚肉ソーセージ

僕は人の身体を魚肉ソーセージによくたとえる。
魚肉ソーセージ本体が、筋肉や関節だとする。
つまり、僕たちの身体だ。
じゃあ、本体を包むフィルムは何か？
これが、僕の言う「膜」のこと。
たとえば、魚肉ソーセージをデコピンしてみる。
フィルムがあれば、魚肉ソーセージは形を保てる。
フィルムなしでは、魚肉ソーセージは吹き飛ぶかもしれない。
このデコピンを、外部からのストレスと考えてみよう。
フィルムがあるから、僕らはなんとか耐えられている。
でも、フィルムがなければ、どうなる？

143
Insensitivity

厚みを増すフィルム

魚肉ソーセージのフィルム。
このフィルムがあるから、僕らはストレスがあっても生きられる。
しかし、こうも言える。
「フィルムがあるから、刺激にどんどん鈍感になっていく」
膜がやっかいなのは、ストレスとともに厚みを増していくことだ。
本体である自分は大きなダメージを受けている。
けれど、膜が厚すぎるとそれを感じられなくなる。
本来、ストレスは感じないといけないものだ。
なぜなら、人体には、必ず限界があるから。
膜が厚いのは、決していいことではない。

144
Bottle up feelings
感じない人

少し例を変えてみよう。
世の中には、「感じない人」がいる。
たとえば肩こりを他人から指摘されても、自分では感じない人。
本当は状態がよくないはずなのに、痛みを感じない。
本当は怒ったり傷ついたりしているはずなのに、感じない。
あまりにもダメージを受けているところは、かたくなる。
かたくなって、動かなくなる。
動かなくなると、そこをかばうように、他の場所が痛くなる。
つもりつもって、大怪我や大病になる。
感じないというのは、無意識の防御反応の結果。
つまりそれは、膜が何枚も重ねられている状態ということ。

145

Layering

重ね着

膜は、Tシャツに置き換えてみてもいい。
1枚ならば、快適に過ごせるだろう。
けれど、3枚も4枚も重ね着したら、どうだろう。
あなたはどんどん動きづらくなる。
どんどん苦しくなる。
でも、ストレスを受けると勝手に重ね着をしていってしまう。
みんな、そうして重ね着をしている状態。
だから、脱いでいって、身軽になる必要がある。
重ね着しすぎてかたくなった膜を、ゆるめる。
本来の感覚を、取り戻す。

146
Liberate yourself

膜をゆるめるとは

僕の言う膜とは、「筋膜」のことだけではない。
皮膚、皮下脂肪、筋膜をまとめて「膜」と呼んでいる。
だから膜をゆるめるとは、筋膜リリースとは、また違うもの。
膜とは、僕たちの全身を包んでいる、細胞のバリア。
そんなイメージのほうがしっくりくる。
この膜は、あらゆるストレスを吸収してしまう。
吸収するほど、かたくなっていく。
だから、僕の考える「膜をゆるめる」とは。
膜の中にため込まれた記憶や、痛みを解放するようなイメージ。
だから、トラウマや本音が大事なポイントになってくる。

147
Rubbing
こする

僕の施術では、身体を「こする」。
こすると言っても、ゴシゴシこするのではない。
細胞の膜を、軽くさするようなイメージ。
皮膚と、皮下脂肪の間にある、膜。
ここには、その人が受けてきた圧やストレスが詰まっている。
硬く硬くこりかたまった膜を、そっと「こする」。
そうすると、はがれてくる。
その人が抱えてきたものが、少しずつ出てくる。
なぜなら、膜には、すべてが宿っているから。

148
Flicking
はじく

僕の施術ではもう1つ、「はじく」というものがある。
はじくと言っても、デコピンをするのではない。
皮下脂肪と筋膜のちょうど間に存在する膜。
ここに軽く触れたまま、身体の中心から外に向かって強めに払う。
サッとほこりを払うように、皮下脂肪と筋膜の間の癒着をとる。
そんなイメージ。
こするにしても、はじくにしても、力は一切入れない。
けれど、膜がかたい人は、それだけで痛む。
逆にあまりにもかたくなっていると、麻痺して痛まないこともある。
「はじく」と「こする」は、僕の施術の柱になっているもの。
そして実は、誰でも、自分でできる方法でもある。

149

Right or Left

あなたの症状は右に出るか左に出るか

僕の施術では、まず「左右差」を見る。
たとえば、右に緊張や症状があるのか、左側が強いのか。
右側が硬くなるのは、男性性や権力者からの影響。
左側が硬くなるのは、女性性や目下の人からの影響。
右に不調が出る場合、左側が硬くて右に不調が出るパターンが多い。
左に不調が出る場合、右側が硬くて左に不調が出るパターンが多い。
これは東洋発祥の「陰陽道」の考え方にも通じるものだ。
試行錯誤を重ねるうち、自然とそうなっていった。
おもしろいことに、本当にそのまま出る。
自分の知らない本音を探る、いいヒントになると思う。

150
Tension in the Right

右側の緊張が強い人

たとえば、「お父さんにしてほしかったことがあった」。
「けれど、怒られそうで怖くて言えなかった」という場合。
右側の緊張が強くなる。右肩がこったり、右腰が痛かったり。
顔も、右側のゆがみが強かったり。
ただし、その原因は男性だけとは限らない。
「男性性」というのが1つのポイントになる。
たとえば、「支配的な性質を持ったお母さん」。
命令をしたり、暴力をふるったり、罰を与えたりするような人。
そんなお母さんは男性性が強い。
だから、右側の緊張が強くなる。

151

Tension in the left

左側の緊張が強い人

左側の緊張が強い人は、「女性性」がポイント。
やはり、一番多い要因はお母さん。
「忙しくて甘えられなかった」などの場合、左側に出る。
もちろん、「関係の深かった女性」が要因の場合もある。
ただこれも、女性ばかりとは限らない。
粘着質な男性の影響が出ることもある。
たとえば、あなたの足を引っ張る人。
会社の部下や、後輩など。
どちらかというと、目上よりも目下の人に多い傾向がある。
そんな邪魔をしてくる男性の影響を受けている場合も左が緊張する。

152
Silent

本当に悪い場所は黙っている

右と左を比べるとき、注意がある。
たとえば僕は、右側にしびれの症状と痛みが出た。
けれど、「本当の原因は左側」にあった。
これは、あまりにもかたくなると、痛みすら感じなくなるから。
かたすぎる左側をかばい続けた結果、右側に症状が出たのだ。
だから、僕の場合は母親と姉（左側）が大きな原因だった。
特に男性は痛みを感じづらく、ガチガチの場合も多い。
だから、症状というよりは「かたいところ」を探すといい。

153
Stiffness

どっちがかたいか

身体をさわるときには、単純な話。
やわらかいところと比べるといい。
左肩と右肩、首の右側と左側。ももや、ふくらはぎや、手首。
お腹や、背中や、腰。
どっちがやわらかいか。かたいか。
いろいろ左右を比べてみよう。
よくわからなければ、人にさわってもらってもいい。
ただ、僕は自分でさわって感じてみてほしいと思う。
ぱっとさわってみたときの直感や違和感。
他人の意見よりも、その感覚を大事にしてみてほしい。

154
Ultimate solution

根本を解決しない限り同じつらさが続く

本音を理解したほうがいいのは、「繰り返すから」だ。
たとえば、怖いお父さんやお母さんのもとで育った人。
支配的な圧を受け、それが恐怖の原因になっている場合。
そういう人は、「同じ状況」に置かれると弱い。
たとえば仕事で威圧的な上司がいると、緊張が強くなる。
つい、本音と違うことをしてしまう。
無意識のうちに従ってしまう。
この場合、上司をどうこうするではない。
元凶を知り、親たちに対してはっきり吐き出すこと。
そしたら、上司のことも「ただの人」として対処できる。

155
Brain memory or Membrane memory

脳と身体の記憶の保存方法

脳は、出来事を記憶する。これは周知の事実。
でも実は、僕たちの身体にも保存機能がある。
身体が保存するのは、受けてきたあらゆるストレスだ。
パソコンにたとえるなら、細胞の１つ１つが、フォルダになる。
脳は上書き保存していく。
一方、身体は「名前をつけて保存」をする。
つまり、身体は忘れない。
脳は出来事を忘れていても、身体はその恐怖を覚えている。
だから、「なぜか眠れない日」があったりする。
「なぜか身体が痛む日」「イライラする日」があったりする。

156
Stress

思考や意思だけで人が変われない理由

身体はストレスを記憶する。
言い換えると「傷ついた経験をすべて覚えている」ということ。
これを癒やさないと、人は同じことを繰り返す。
思考だけで生き方を変えられないのは、そういうこと。
身体の中に眠る、傷と本音。
これをすくい取ってあげて、癒やしてあげる。
そうすると、身体はすぐにリラックスしていく。
身体はとんでもなく、反応が速い。
僕たちが思っている何千倍も、何万倍も、すごいのだ。

157
Cells

細胞

人は、何から生まれるか。
精子と、卵子、そして子宮。
何万年も変わらない、圧倒的な事実。
けれどもっと言うと、精子も卵子も、「細胞」だ。
小さな小さな、目に見えない細胞からすべてはできている。
僕たちの正体は、突き詰めれば、細胞だ。
だから細胞のことを知ると、さまざまなことがわかる。

158
Cellular membranes

細胞膜

すべての細胞には、膜がある。
この薄い膜が、細胞の中にある核を守っている。
この薄い膜が、細胞同士をくっつける潤滑剤になっている。
細胞と細胞がくっついて、より大きな細胞になる。
大きな細胞同士がくっついて、さらに大きな細胞になる。
そうして、命ができていく。
脳や、骨や、心臓や、手や足。
僕たちはそもそもが、「無数の細胞膜のかたまり」なのだ。

159
Cell membrane memory

細胞膜の記憶

人の生まれ持った身体の強さや、心の性質は、いつ決まるのか。
実は、お母さんの胎内にいるときから決まっている。
両親の食べてきたものや、身体に入れてきたもの。
両親の受けてきたストレスや、心の恐怖。
そのまた親、つまり祖父母、さらに祖先の記憶や体験。
細胞膜には、すべての情報が宿っている。
単に、遺伝子ですべてが決まるのではない。

160
Prenatal memory

胎内の記憶

「数え年」という考え方がある。
オギャーと産まれたその日に、「1歳」と数える。
それは、お母さんの身体の中にいた時期を計算しているから。
昔の日本では、みんな数え年だった。
昔の人は、胎内に生まれたときを、命と考えた。
産まれる前から、もう、すでに「生きている」のだ。
人間は受精してからわずか18日で、脳ができ始めると言われている。
このときには、もう「自我」が存在している。
あなたという人は、そのときからすでに、存在していた。

161

Temperament

先天的な性格

お母さんの胎内で、すでに「性格」がある。
これが、生まれ持った天性の性格。
でも僕たちは、生まれたあと、少しずつ別の性格を身につける。
母や父のもとで。関わることになる人々の中で。
他人に影響され、マネをし、協調をする。
でも合わせることに慣れすぎると、本当の自分を見失う。
生まれる前からの性格や性質だけは、決して変わらない。
本来の性格や性質は、膜に刻まれているから。
だからそこに近づくことが、戻ることが、解放の近道になる。

162
Personal

自分の性格に悩む理由

人が自分の性格に悩むのは、多くの場合、ギャップがあるからだ。
「本当はこうしたい」のに、できていない。
「本当はこう言いたい」のに、できていない。
それは、生まれ持った性格と、あとで身についた性格とのギャップ。
これが、僕たちを悩ませる大きな原因。
後天的にできた性格は、仮の人格。通称「ペルソナ」と呼ばれるもの。
社会を生きるために、仕方なくつくられた性格。
あなたが自分の性格だと思っているものは、ペルソナの可能性が高い。
それは、変えることができるもの。

163

Armor

RPGにたとえると性格や習慣は「鎧」

後天的な性格は、たとえるなら重たい鎧だ。
生きるため、自分の身を守るためにつけた鎧。
自分と異なる人たちのいる世界で、仕方なく身につけたもの。
周囲の敵が強いほど、強い鎧が必要になる。
けれど、常に身につけておくには、鎧は重すぎる。
もう、生きるか死ぬかの戦いは終わった。
僕たちはもう、十分に学んだ。ゲームは終わった。
だから、鎧を脱いで、自由に走り回ろう。

164
Gratitude

感謝しなくていい

「感謝しなさい」「感謝は大事」
何度も、教えられてきたと思う。
じゃあ感謝って、何だろう。
感謝に形なんてない。
「ありがたいなぁ」と、尊い気持ちになる。これが感謝の本質。
だから、「ありがとう」と言うことが感謝ではない。
お礼の連絡をしたり、ものを送るのが感謝ではない。
誰かに強制された、型にはまった感謝なんてしなくていい。
「感謝しなくてはいけない」ルールから抜けだそう。
あなたが思ったこと、感じたこと、それだけがすべて。

165

Chain of fear

恐怖の連鎖を止めるには

僕は30代。親の世代は、60代前後。
その親である祖父母は、80代前後になる。
そのまた親は、戦争を経験してきた世代だ。
戦争のような強烈な恐怖体験は、人の身体に深く刻まれる。
だから、親の世代にもはっきりと刻まれている。
その刻まれた恐怖とともに、僕たちも育つ。
では、僕たちの子どもはどうなるだろうか。
恐怖とは関係ないところで、育ててあげたい。
もしそう思うなら、あなたの中にある恐怖を、まず取り去ろう。

166
Whatever

「どうでもいい」は超重要

「すべてがどうでもよくなること」
簡単に言うと、本音で生きるとはそんな感覚だ。
世間さま、他人さまのことは関係ない。
自分がそのとき、その場で、したいように生きる。
目の前で人が倒れたとき、「助けなきゃ」ではない。
「助けたい」で迷いなく動ける。そんな感覚。
正しさや善悪すらどうでもよくなる。
嫌だと思っていた仕事も、たんたんとできたりする。
人間関係もフラットになり、1人でも不安にはならない。
今日やることをやって、気持ちよく眠るだけ。
最高にリラックスしていて、心地よい感覚が続く。

167
Psychopath

サイコパスの声は無視

「他人のことを考えなくてはいけない」と思う理由。
それは、「そう思わされてきた」から。
「他人のことを考えたくなければ、考えなくていいんだよ」
親がそう言ってくれる人だったら、あなたの考えは違っていた。
僕たちはそれくらいシンプルな生きものなのだ。
今の性格や人生を、親のせいにしたって別にいい。
だって実際、そうなんだから。
頭の中で聞こえてくる批判や反論の声は、ぜんぶ無視しよう。
そいつらは、あなたが困るほど喜ぶ。サイコパスみたいな連中だ。
そんなやつらに、あなたの時間を、命を奪われちゃいけない。

168
Chain of Cells

細胞はすべてつながっている

細胞というのは、すべてがつながっている。
1つ1つが命で、記憶を持っている。
ふれあって、重なり合って、傷つく。
傷ついたら、癒やす。
これって、「地球そのものの姿」とも言える。
寂しいという感覚は、つながりを持っていないから生まれるもの。
でも、最初から僕たちはつながっている。
別にどう生きたって、しっかりつながっている。
だから、安心して大丈夫。
あなたがちゃんとしなくても、地球はうまくまわる。
ちゃんとしないほうが、うまくまわる。

169

Baby is healthy

赤ちゃんが健康で大人が不健康な理由

僕の施術の最終目標は、赤ちゃんに戻ってもらうこと。
なぜなら、赤ちゃんは「弱み」を見せる。
赤ちゃんは「他人」に頼るし、「何もできなくても幸せ」だから。
でも大人は、常識ぶって、強がって、賢いふりをする。
そして、赤ちゃんと真逆のことをする。
つまり、「強さ」ばかり考え、「情報」に頼る。
「何でも1人でできるようになることが幸せ」だと思い込む。
それを大人になったと思い込んでいるだけ。
本当は、そんな生き方をする必要はない。
赤ちゃんのように生きられている人は、健康だ。

170
Black hearted

腹黒い本音に目を向ける

腹で決める。腹を据える。腹が立つ。腹黒い。
このように、日本語は「腹」を大事にしている。
腹と心がリンクしていることを感覚的に知っていたのだと思う。
たとえば、施術をしていて、みぞおちが硬い人がいる。
みぞおちとは胸の下にある、くぼんだ場所。
ここが硬い人は、「腹の奥底にある黒い本音」を隠している。
「ボコボコに殴ってやりたいほど恨んでいる」
というような、人には決して言ってこなかった本音。
この本音を隠すと、呼吸が落ち着かず、猫背にもなる。
腹は何を思っているか。ぜひ考えてみてほしい。

171

Family Tree

どの家系の影響を一番受けるか

人は大きく、4つの家系を持っている。
父と、母と、それぞれの両親の家系だ。
つまり、父方のおじいちゃん・おばあちゃんの家系。
そして、母方のおじいちゃん・おばあちゃんの家系。
実はそれぞれ、影響を受けやすい家系がある。
僕の場合は、「母方のおじいちゃんの家系」。
つまり、母方のおじいちゃんの家系の影響が強い。
だから、僕の性格や悩みや課題は、じいちゃんと似ていた。
あなたはどうだろうか？

172
Virtues

徳を積む

家系の影響について、ちょっと補足。
その人のいいところも、マイナスの部分もきっちり引き継ぐということ。
僕の場合は、女性性のトラブルを受けやすい。
たとえば、束縛をされたり、男性でも粘着質な人が多かったり。
はっきりとＮＯを言わないと、同じことを繰り返す。
じいちゃんも母親もそういうトラブルの多い人だった。
このように、性格だったり、趣味だったり、センスや食べものなど。
気づかぬうちに、引き継いでいる。
だから、いいところは引き継いで、そうでないところは向き合う。
家系的な傷を癒やしていくことは、きっと先祖供養にもなる。

第6章

すべてには理由がある

すべてのことには、理由がある。
不調になる理由はもちろんのこと、人の好き嫌いも。
たとえば、「合う人」と「合わない人」がいる。
好きになる人の傾向がある。
嫌いなタイプの傾向がある。
それも、すべて理由がある。
自分が今のような性格や行動をとるようになった理由もある。

そしてもちろん、あなたが日々目にする人たち。
彼らが「そうなってしまった理由」も、はっきりとある。
たとえば、口癖や、習慣、趣味嗜好や、信念。
実はそうした事柄も、簡単に説明することができる。
ほとんどの場合、それらはあとになって染みついたもの。
元から生まれ持ったものではない。
ここでは、そんなさまざまな人の傾向を見ていこう。
人は、他人のことならよくわかる。
だから、他人の姿を通して、自分を見るヒントになればと思う。

173
Invisible fear

見えないものは怖い

世の中には、見えないものが多い。
たとえば「感情」は目に見えない。
感情の元となる「恐怖」や「欲望」はもっと見えづらい。
他にも、電波とか、コンピューターの0と1の信号とか。
幽霊とか、宇宙人とか、神さまとか。
細胞の核とか、それを構成する粒子とか。
日々のニュースだってそうかもしれない。
僕たちは現場を知っているわけじゃない。
本当は、見えないものがほとんどなのかもしれない。
だから、気をつけないといけない。見えないものは、怖い。
怖いものにほど、僕たちは過剰に反応してしまう。

174
Extremes

2つの極端な反応

怖いものに出会うと、人は反応が極端になる。
反応は、大きく2つ。
1つは、怒る。恫喝したり、黙って無視したりする。
もう1つは、ごまをする。すりよって、慕っているふりをする。
だから同じ人でも、まったく別人のようにふるまったりする。
それは、「怖いから」そうなっているだけ。
怖いから、拒絶をして、傷つかないようにする。
怖いから、同調したふりをして傷つけられないようにする。
どちらも、同じこと。
それがわかると、自分のことも他人のことも、見る目が変わる。

175

Twins

好きと嫌いは「双子」

「好き」と「嫌い」、「盲信」と「拒絶」は双子の関係。
得体が知れないから、盲信する。
得体が知れないから、拒絶する。
科学アレルギーも、科学信仰も、実は同じ。
アイドルという存在が嫌いなのも、熱狂的な推しがいるのも、同じ。
スピリチュアルな世界を否定するのも、神さま大好きも、実は同じ。
それも結局、あなたの中の恐怖が起こしている反応。
感情がゆれ動くとき、裏には、必ず恐怖がある。
そこに、自分を知るヒントがある。

176
Not Me

「自分は違う」と言いたくなるとき

自分の核心に近いところにふれられると、こんな感覚が出てくる。
「自分とは関係ない」「わからない」
「自分は違う」「なんでそんなこと言うの？」
怒り、悲しみ、苦しみ、不快な感情が湧いてくる。
それは、身体から湧いてくる感覚。
でも脳は怖いから、その感覚に気づかないふりをする。
向き合うのが不快だから、なかったことにする。
なかったことにするために、別のものに意識を向ける。
でもそんなときこそ、本当はチャンス。
不快な感覚をおさえずに、まずは言葉にしてみる。
その言葉は、本当は誰に向けたものなのか考えてみる。

177

Crazy about

「めっちゃ好き」は危ない

「めちゃくちゃ好き」という感覚。
こうした激しい感覚にも注意が必要。
たとえば、「吊り橋効果」の話がある。
怖いシチュエーションにいるとき、誰かと一緒にいる。
すると、脳が怖いドキドキと恋のときめきを勘違いしてしまう。
そんな有名な話。
この話は、決して他人事ではない。
吊り橋を、いろんなストレスに置き換えてみるといい。
仕事のストレスや、家庭内のストレス。
ストレスフルな生活の中で、出会った何か。
ドキドキして運命を感じて、好きになってしまうことは多々ある。

178
Kind of

自然な好きは「なんとなく好き」

「好き」に気をつけないといけないのは、依存がつきまとうから。
快楽に依存する。お酒やタバコに依存する。
恋人に。家族に。映画やスポーツに。旅に。グルメや物に……。
ストレスがあると、いろんなことを間違えやすくなる。
本当は好きでもないもの、むしろ真逆のものを選ぶこともある。
その選択は、自分を傷つける場合も多い。
本当の好きというのは、そんなに激しいものじゃない。
小さい子や、植物や、動物を愛でるような穏やかな感覚。
生活の中に自然と溶け込んでいくような、ゆるさ。
それが本来の好き。無条件の好き。

179
Memory

記憶から生まれる反応

このように好き嫌いの話には、人の本音がよく見える。
たとえば、アニメ好きを否定する人も、ドラマは好きだったりする。
占いを信じない人も、有名経営者の言うことはまじめに聞く。
どっちにも興味がない人からすれば、「大差ない」話。
でも、こだわる人にとっては「私のはそうじゃない」になる。
ここからまたいろいろな例を出す。
もしかすると、自分を否定される気分になるかもしれない。
「自分がおかしいということ?」と不快になるかもしれない。
でも、僕は「あなたはおかしい」なんてまったく言っていない。
そう感じるのは、そう言われた「記憶」があるということ。

180
Drinking

お酒に飲まれないために

たとえば、お酒が好きな人がいる。
お酒のアルコール成分は、主に肝臓で処理される。
肝臓というのは、「怒り」の臓器。
日々の怒りが、ここに溜まっていく。
だから、お酒をよく飲む人は、その怒りを抑え込みたい人。
やりたくないことを我慢していたり、肉体を酷使したり。
酔って、酔わせて、すべてをうやむやにしたい。
そんな気持ちが、人をお酒にのめりこませていく。
小さいときから我慢してきた「怒り」を、吐き出す。
ちゃんと、はっきりと、怒る。それが禁酒の本当の秘訣。

181

Smoking

禁煙できない本当の理由

タバコもお酒とよく似ている。
肺というのは、鍾乳洞のような臓器。
湿度が高く、じめじめしていて、暗い。
ここは、悲しい感情をためる場所になる。
タバコを吸うというのは、この場所に煙を送るということ。
そこに充満する悲しみを、乾いた熱い煙で消そうとする。
文字通り、煙に巻こうとしている状態。
ほんの一瞬だけ、悲しみを紛らわすことができるから。
もしも禁煙をしたいなら、悲しみを解決すること。
小さなときから抱え込んでいる悲しみを、正直に誰かに伝えること。

182
Spicy Food

激辛チャレンジ

辛いものにはまる。
これにも、もちろん傾向がある。
辛いものは、心臓に負担をかけるもの。
実は、心臓に負担をかける生き方をしてきた人ほど激辛好き。
大きなチャレンジをしたり、波瀾万丈な生き方をしたり。
極端なエネルギーの使い方をしてきた人。
でも、本心では「そんなことはしたくない」と思っている。
実は動かずじっとしているほうが性に合っている人だ。
だから、そのままいくと鬱になったり、心臓を患ったりする。
じっとしていることを、強制させられてしまう。

183

Social media

SNSよりも大事なこと

ＳＮＳにはまる人も多い。
１日に何十回も、何百回も、何時間も使うような人。
それは投稿するのも、見るだけの人も、同じ。
ＳＮＳというのは、自分のいいところだけを好きなだけ盛れる。
見たいものだけを、好きなだけ見られる場所。
「人に認められる存在」だと確かめるために、♡の数を確認する。
自分が「正しい側にいたい」から、情報を追う。
でも、この沼にはまる人ほど、実は自分に課題を抱えている。
自分の中に時間を使えば、ネットに使う時間もなくなっていく。

184
Beautiful love

美しい恋愛の始め方

フィクションの世界では、美しい恋愛が描かれる。
なぜ、そうした恋愛に感動をするのだろうか。
それは、「ゆるがない安心感への憧れ」が根底にある。
愛し、愛され、絶対に変わらないという永遠の関係。
それは、お母さんの胎内にいる感覚を置き換えたものとも言える。
だから、恋愛をしたいと思うのは、安心がほしいということ。
恋愛の物語に感動するのも、同じ理由。
これも、恋愛がいけないと言っているのではない。
理屈がわかれば、恋愛だけが人生の問題ではないということもわかる。
すると、自然と自分を理解してくれる人にも出会いやすくなる。

185
Addiction

人肌が恋しい

センシティブな話題になるけれど、性交が人生の目的になる人もいる。
その傾向が強いと、「セックス依存症」と呼ばれるほど夢中になる。
こうなりやすい人は、「人肌が恋しい」人。
たとえば、「0歳児から保育園に預けられていた」
「祖父母のところにばかり預けられていた」
そうして親との肌の関わりが極端に少ない人に多い。
でも、いくら誰と身体を重ねても、決して満たされることはない。
僕たちが求めているのは、欲としての肌のふれあいではないから。
回数や人数ではない。経験の数ではない。
価値観の合う人間同士の肌の触れ合いを求めているだけ。

186

Forever child

子どものまま止まっている

「対人関係が苦手で、仕事をしたくない」。
誰にでも当てはまりそうなことだけれど、その傾向が極端な人がいる。
そういう人は、「甘えたい人」。
小さいとき親に甘えられず、そこで成長が止まってしまった。
本人にしてみたら、心や、身体の記憶は子どものまま。
だから、仕事をせずに誰かにずーっと甘えていたい。
子どもを育てるのではなく、自分を育ててほしい。
そんな意識が働いている。
でもそれは、決して変えられないことではない。
「甘えたかった」と叫んで、甘えられる環境を探せばいい。
そしたら、止まっていた時が動き出す。

187
Community spirit

「○○県民」への誇り

地元愛を持つ人は多いと思う。

それ自体、別に否定するようなことではない。

けれど、「○○県民（市民）はみんな仲間！」のように、強いアイデンティティーを持っている場合は要注意。

それは、「自分への自信のなさ」のあらわれだから。

もちろんそれは、ほかのことにも言える。

「○○の社員」「○○の業界」「○○のチーム」

そういうガワを身につけて、自分を強く感じようとしている。

本当は、アイデンティティーなんかいらない。

自分らしく生きてたら、すぐに必要なくなる。

188
Nation
日本人

そもそも、国や県なんていうのは、社会的な都合に過ぎない。
つまり、「統治する人にとって都合がいいから」そうしているだけ。
時代を遡っていけば、今と同じ国境なんてない。
「日本」という国も、もともとはさまざまな土地の集まりに過ぎない。
大陸からいろんな人がやってきて、血や文化が混じってきた。
だから、「日本人」なんていうのも、実はあやふやなもの。
そんな縄張り意識からは、離れたほうがいい。
心地よいと思える場所で、好きなように暮らせばいい。
それが本来的な日本人じゃないかと僕は思う。

189
Momma's boy

息子を愛する母と
母を愛する息子

俗に「マザコン」と呼ばれる男性がいる。
母親に毎日連絡したり、母のことが大好きだと言う人。
仲がいいと言えば聞こえはいいけれど、どこか不自然さもある。
それは、「お父さんに家を守ってほしかった」などが原因。
お父さんが早く亡くなってしまった家庭などに多い。
お父さんの代わりに、お母さんの恋人役を演じるようになった。
それが大人になっても、ずっと続いているということ。
お父さん役から卒業すると、お母さんからも卒業できる。
関係は、よりフラットになる。
こうして、まずは家族関係から見ていくのが、近道。

190
Parent and child

新しい親子関係

そもそも「親は大切」というのが、壮大な思い込みの1つ。
少なくとも、「大切に思わないといけないもの」ではない。
相手が誰であれ、合わない人と付き合うことはない。
親と合わないなら、赤の他人を親にしたっていい。
僕には、そういう信頼できる人がいる。
男女が付き合ったり別れたりするように。
親子もくっついたり離れたりしたっていい。
いいなと思う人とくっつき、過ごせばいい。
もちろん、必要性を感じないなら、くっつく必要もない。

191

Trust yourself

他人ではなく
自分の身体感覚を信じる

お客さんの中には、僕にこう言ってくれる人がいる。
「いっせいさんは正しいです！　ぜんぶ信じます！」
そうして、本当によく話を聞いてくれるし、実践してくれる。
でも実はこれって、感心できる話ではない。
「無抵抗で人の言いなりになるクセ」がついているということ。
人生のどこかで圧をかけられてきた経験が、そうさせてしまう。
逆らえない環境にいて、誰かの言うことを聞かないといけなかった。
そんな経験があると、自分のことを信じられなくなる。
逆により遠くのものを信じやすくなり、詐欺などにも遭いやすい。
そういう人は、ぜひ身体の直感や違和感を意識してみてほしい。
自分の身体で、感覚で生きる感性を思いだしてみてほしい。

192
Coexistence

戦うのではなく、棲み分ける

嫌な人、嫌なもの。
これを「世の中からなくそう」というのは、戦いの思考。
善か悪かの世界の、二元論的な話になる。
そういう世界では生きないことが大事。
「そんなのどうでもいいよ」でいい。
あくまでも、自分にとって最高に心地いい環境を探すだけ。
あなたが人生で「すべきこと」があるとしたら、ただそれだけ。
戦うのではなく、棲み分けをする。
そっちはそっち、うちはうち。
同じ世界には住まないと決める。
すると目に見えるものも、人間関係も、勝手に変わっていく。

第7章

自由な世界へ

ずっと感じてきた生きづらさ。
ずっと我慢してきた不条理。
ずっと言えなかった自分の本音。
そのことに気づくと、人は生まれ変わったように輝きだす。
今までしてきたこと、すべてをやめて新しい舞台に飛び出すかもしれない。
今までしてきたことと、結果、何も変わらない生活を送るかもしれない。
どちらの場合にも言えることは一つ。

「信じられないくらいラクだ」ということ。
あるのは、「圧倒的な解放感」。
憂いもなく、迷いもなく、自分の人生を生きるという生物として当然のこと。
誰かがつくった基準ではない、自分にとっての本当の自由。
自分にとっての、至福。
今、自分がしたいこと。これから自分がしていくこと。
呼吸をするように、わかるようになる。誰に相談する必要もなくなる。
今までと同じことをしていても、感じ方が変わっていく。
「ああ、生きるってこんなに軽やかだったのか」
そんな自由な世界にあなたが飛び立てるように。
最後に、伝えさせてほしい。

193
Words for Yourself

人に言うことは
自分に言っていること

子育てでは、「早くしなさい」とか「なんでできないの」とか。
そういうことを言ってはいけないと、言われている。
そうした言葉は、どこから出てくるのだろう。
「自分が親などに言われてきて、嫌だった言葉」
実は、そういう場合がとても多い。
自分が言われて嫌だったことを、なぜか他人にもしてしまう。
けれどそのとき、もっと深く傷ついているのは、自分自身だ。
なぜなら、他人への言葉は、自分に対するものでもあるから。

194
Your words

自分の言葉に気づく

自分が他人に言うこと。
それは、本当は自分自身に向けた言葉でもある。
たとえば「～すべき」だと人に言っているとき。
それは、あなたが自分自身に向けた言葉だと気づいてほしい。
しかもその言葉は、あなた自身の言葉じゃない。
誰かがもっともらしく言ったこと。
自分が無理して聞いていること。
もう自分は従いたくないよ、という言葉だ。
あなたの口を通して、身体が気づかせようとしているということ。
早く気づいてあげたほうが、自分のためにも人のためにもなる。

195
Rest

休みたいけど、休めない

仕事を休みたい。
そう思ったとき、素直に休める人は少ない。
休むことに罪悪感や、連絡をすることに抵抗があるからだ。
結論から言うと、どっちみち、休むことにはなる。
休まない限り、休みたいと思う気持ちはなくならないから。
休まず無理を続ける場合、心身は日々不調になっていく。
放っておけば、いつか強制的に休むことになってしまう。
だから僕は、休みたいなら、今休むことをおすすめする。

196
Minus

休むとは

「そもそも休み方がわからない」という相談は多い。
寝てみたり、出かけてみたり、お酒を飲んでみたり。
休みの日に何をしてみても、なかなか疲れがとれないという悩み。
では休みとは何かというと、「マイナスをとること」だと言える。
だから、あなたが感じるマイナスなことをすべて手放そう。
「すべきこと」だと思っていることをやらない。
「休みらしいことをしなければいけない」というのも思い込み。
「嫌なこと」を一切しない。
それができれば、本当の意味で休むことができる。
僕の場合は、ただぼーっとしたりする。

197
Swindler

付き合ってはいけない人

付き合ってはいけない人。
それはたとえば、あなたをコントロールしようとする人。
それは、職場のパワハラ上司かもしれない。
習い事か何かの先生かもしれない。
医者かもしれない。
親かもしれない。
「君のためだ」と言いながら、あなたを支配しようとする人。
彼らの動機は、善意じゃない。ただの強欲。
他人の身勝手な欲に、自分の身を任せてはいけない。
あなたの人生を奪う権利は誰にもない。

198
Coward

欲で生きる人は、怖がりだ

あなたを支配しようとする人は、欲で動いている。
傲慢。承認欲求。愛という名の、執着。
覚えておかないといけないことは、1つだけ。
欲のある人は、怖がりだということ。
誰よりも、他人を怖がっている。自分を信じられない。
いつも怖いから、少しでも安心がほしい。
そのために、誰かを支配しようとする。
そうなってしまう環境で育った、被害者でもある。
でも、僕たちは彼らに同情なんてしてはいけない。
あなたにはあなたの人生、やるべきことがある。
付き合ってあげる必要はない。

199

The beauty of Rain

雨を美しいと思うか
わずらわしいと思うか

雨の日は、好きだろうか。
「雨の日は気分が沈む」と言う。
雨の日は気圧が低く、頭に血が上がりやすくなる。
すると、いつもより考えごとをしやすくなるという理屈。
だから、わずらわしいことを抱えている人は、余計に悩む。
一方で平安時代の人たちは、雨を「趣深い」と言った。
ものは見方だ。
見方が悲観的になるのは、そんな見方ばかり教わってきたから。
雨が悪いんじゃない。悪い見方を教えてきた誰かが悪い。
その循環から、抜け出すことが大事。

200
Grandchild

孫にはやさしい

親子関係はほとんどの場合、何らかの傷を生む原因になる。
あなたの両親も、あなたと同じような問題を、親と抱えてきた。
ただ、おじいちゃんと孫、おばあちゃんと孫は別だ。
どんな人も、孫にはやさしかったり、いい人だったりする。
それは、シンプルに「関係が遠いから」というのが1つ。
もう1つは、「自分もそうだったから」。
つまり、どの家庭でも繰り返されてきた歴史とも言える。

201

Live well

身体は「生きたい」と言っている

もしもあなたが、死にたいと思っていたとしても。
あなたのお腹は空く。
髪の毛や爪も伸びる。
誰かにわかってほしくて、寂しい気持ちになる。
脳が「死にたい」とあきらめても、身体は決してあきらめない。
「生きたい」と言っている。
その声に、耳を傾けてほしい。
最後まで自分の身体と向き合おう。
どんな不調も、必ず解決できる。
どん底だと思える環境も、必ず変わっていく。

202
Just run away

逃げろ、戦うな

「逃げるな」「戦え」
そんなセリフや、キャッチコピーを見たことがあると思う。
現代人は、あまりにも「逃げないクセ」が強すぎる。
不快な人間関係を続け、つらい環境にも居続けてしまう。
どれだけつらくても、「自分が悪い」と責めてしまう。
本音なんて探す余裕はないよ、意味がわからないよ。
そんな人は、まず逃げることを考えてみてほしい。
休んでどこかに旅に出かけるのもいい。
どうしても休めないなら、耐える期間を決める。
嫌なことは最低限にしていく。
そして、最後に自分と向き合っていけばいい。

203

Safe Haven

逃げるとは安心できる場所を探すこと

「つらいなら、思いきり逃げればいい」と言う。
すると、「逃げる先なんてない」と言われる。
でも、絶対にそんなことはない。
今まで、安心できる場所にいなかっただけ。
今まで、安心できる場所を探そうとしていなかっただけ。
会社だって、家庭だって、嫌なら逃げたらいい。
罪悪感なんて何も感じなくていい。
その罪悪感は他人に背負わされているだけ。
他人の荷物を、どうしてあなたが背負う必要がある？
本来のあなたをまず、取り戻す。
そしたら、本当は何を大切にしたいか勝手にわかる。

204
Obsession

無関心の反対

「愛の反対は無関心」という有名な言葉がある。
いい言葉のように思える。
けれど、本当にいい言葉だろうか。
そもそも、この愛ってなんなんだろう。
別の言葉に置き換えると、実はとてもわかりやすくなる。
「執着の反対は無関心」
つまり、一般的に僕たちが教えられてきた愛って、執着なのだ。
執着があるから、傷つく。思い通りにしたいと考える。
愛なんてきれいな言葉じゃなくて、「執着をしているんだ」と。
そう気づけると、人間関係はフラットになりやすい。

205

True love

愛とは

好きも、愛も、ぜんぶ執着のことを言うのだとしたら。
じゃあ、愛ってなんなんだろうか。
ただの言葉遊びで、そんなものないとも言えるんじゃないか。
いや、そうじゃない。
愛は、たしかにある。
愛とは、すべてを肯定することだ。
あなたはあなたのままでいい。
私は私のままでいい。
お母さんのお腹の中にいたときの、絶対的な安心感と一体感。
それが愛だと僕は思う。
本音で生きるとは、その感覚に近づいていくことだ。

206
The way you are
ありのまま

ありのまま。
それを聞いて、いい言葉だなと思ったり、安っぽいなと思ったりする。
なぜ、その違いが生まれるのだろう。
それは、本当に裸になれているかどうかが大きい。
抑圧された人が「ありのまま」と聞けば、ウソに聞こえる。
自分とははるか遠い、幻想のように見えるからだ。
でも、本当にありのままの人は、ありのままは最高だと考える。
本当のありのままとは、生まれたままの状態のこと。
誰にも忖度しない、完全にピュアな自分。
何をしてもいいし、しなくてもいい。
すべて、自由なのだ。

207
Ask Yourself

「これでいいのかな」は自分に問うこと

人間誰しも、迷うことがあると思う。
何かをやめるとき、始めるとき。
そうしてものごとを決めるときには、人に話を聞きたくなる。
誰かに相談して、後押しをしてもらいたくなる。
けれど、あらゆることが整っていくと、その必要がなくなる。
そもそも、迷うことがなくなる。
やりたいと思ったときには、もうやっているから。
逆に、決められないときは、やめたほうがいいと気づく。
「これでいいのかな」と思ったときは、自分に問う。
迷うなら、一度やめる。時間を置いて、そしてまた問う。

208
Title

すごいもの

人は、肩書きやステータス、実績が大好きだ。
なぜなら、そういうものが「すごい」と教えられてきたから。
だから、すごい人の言うことは正しいと思い込む。
この経営者が言っているなら間違いない。
あの人が推薦するから間違いない。
弁護士だから、医者、○○大学の論文だから、専門家だから……。
世の中には、そういう特権があふれている。
肩書きやステータスは、都合によって使えばいい。
ただし、あくまでも使うものであって、すがるものではない。
本当にすごいかどうかは、自分の目と直感で見極めること。
大げさな飾りにだまされる人生は、もう終わりにしよう。

209
Freedom

自由な人生

自由な人生を、誰もが生きたいと思っている。
けれど、もう一方では「そんなの無理だ」と思っている。
本当は、今すぐにでもできることに気づいてほしい。
「他の誰か」が思い描く自由を生きようとしないことだ。
誰かが決めた「自由とは○○だ」に縛られなくていい。
あなたにとっての自由、あなたにとっての快適さがすべて。
環境をまるっと変えなくたって、実は自由になれる。
本音1つ言えれば、自由になれる。
そこから、大きな変化が始まる。
あなたのための自由な世界が、できていく。

210
All is well

うまくいくとは

本音が言えれば、人生はすべてうまくいく。
ウソでも誇張でも何でもなく、本気でそう思っている。
ただし、この「うまくいく」という意味に注意してほしい。
「うまくいく」とは、「誰かのようになれる」という意味ではない。
うまくいくとは、あなただけの人生を気持ちよく歩めるということだ。
基準や、平均や、比較なんてつまらない世界の話ではない。
あなたが魂の底から輝けて、ウソのない生き方。
それができれば、他人の唱えた成功論がいかに陳腐かわかる。
あなたに必要な人がやってきて、必要な環境が整う。
それが、「うまくいく」ということだ。

211
Almighty feeling

万能感を経て

人は何かができるようになると、「万能感」が出てくる。
自分はこんなふうになった、こんなことができるようになった。
そうして、人に伝えたくなる。
たとえば、ダイエットに成功して、恋人ができたら。
その人は、自信に満ちた表情で、魅力的になる。
ただ、そうした変化から生まれた自信は、実は長続きしない。
あくまでも、付け焼き刃なのだ。
何かショックなことがあれば、自信のない自分に戻ってしまう。
僕自身も、もちろんそうだった。
万能感すらなくなって「どうでもよくなった」とき。
そのとき、本当の自信になっていく。

212
Moving forward

「特別でありたい」の先

人は「自分は特別でありたい」と思う。
そのために、大きな夢や目標を持とうとする。
でもそれは、比較される人生に慣れすぎている証拠でもある。
「人に認められて、生きている実感を得たい」
単に、そんな欲求を「夢」「目標」と言っているにすぎない。
そんな世界、さっさと抜け出してしまおう。
抜け出したとき、本当の意味でオリジナルな自分になれる。
そうなると、他人は一切関係なくなる。
自分の描く夢や目標から、他人の姿が消える。
自分のやりたいことだけを一生懸命見ていられる。
その世界はひたすら心地よく、快適で、楽しい。

213
Exam

不快な状況は人生のテスト

本音を言えるようになるまで、なぜか同じようなことが起きる。
たとえば「怒られるのが嫌な人」に限って、よく怒られる。
なぜか、そんな状況や環境に置かれやすくなる。
それはもしかして「自分が決めてきた課題」だからかもしれない。
面と向かって親などに本音をぶつけるまで、テストされる。
当事者に「その言い方は傷つく」「不快」だと言う。
はっきりとNOを突きつけるまで、それは続く。
人に弱みを見せられるようになるまで。
怒りや苦しみを吐き出せるようになるまで。
何度でも続く。でも、合格すれば、それは起きなくなる。

214
Person

組織も社会も、結局は人

組織の変化を期待しても、報われないことのほうが多い。
それは、人が感情で動くように、組織も感情で動いているから。
たとえば、失敗の記録を残さない組織。
それは、ミスや失敗を「恥」だと教わってきた人たちの組織。
評価を重視する組織は、成績や順位で評価を得てきた人たちの組織。
ルールに厳しい組織は、ルールを強いられてきた人たちの組織。
このように、社会も人の集まり。
だから、人自体が変わらない限り、同じようなことを繰り返す。

215

No one is perfect

完璧を目指す必要がなくなる

「点数」や「評価」や、「一番になる」とか「〇〇賞」とか。
そういうのはぜんぶ、「他人からどう見られるか」が根本にある。
「私を見てくれ」が、根本にある。
見てもらうために、完璧を目指す。
でも、完全無欠のものは、この世には存在しない。
すべての物事には必ず波があるから。
いいときがあれば、悪いときもある。体調にも波がある。
ただし本音を理解できると、その波をゆるやかにできる。
穏やかにいられる時間が増え、物事に動じなくなる。
世界にあるあらゆることが、いい意味で、どうでもよくなっていく。

216
No more forgiveness

「許しなさい」のウソ

特定の人を、「許せない」という気持ち。
「それでも、相手を許しなさい」という教えがある。
「許しが大事だ」だと。
でも、そうじゃない。
なぜ許せないのか知らないまま、許すなんてできない。
頭で「許そう」と思って、許せるわけがない。
だって、あなたの身体は、許せない出来事を覚えたままなのだ。
だから、許すには、まず身体を解放しないといけない。
そして、「絶対に許さない！」という本音を出しきること。
すると、許すとか許さないとかじゃなくて、「どうでもよくなる」。
自然に忘れている。これが真実。

217

Being understood

「わからせたい」衝動

話を理解してくれない人に会うと、「わからせたい」と思う。
「どうしてわかってくれないんだ」と思う。
僕も以前は、戦ってでもわからせてやろうと思っていた。
でも、最近は少し違う。
「わかってくれる人が集まればいい」という感覚にある。
人それぞれ、住む世界は違う。見たい世界は違う。
わかり合えない人と無理にわかり合う必要はない。
全員と仲良くし、理解し合う必要はない。
わかる人同士が、同じ世界にいられれば十分だ。
そういう場所は、誰にでも必ずある。
そういう場所にいたいなと感じるなら、本音で生きれば叶う。

218
Value of life

結果を出す必要なんて1つもない

結果は大事だと、僕たちは教えられる。
テストの点数、進学する学校や学部を選ぶときの偏差値。
会社の大きさ、給料、仕事の内容。
結果は出さないと意味がない。結果を出さない人には価値がない。
でも、そう考える前に。
「結果を出して、何を得たいの？」ということ。
「結果を出せば、人にかまってもらえるから」
実は、ほとんどの場合、ここに行き着くと思う。
だったら、結果を出す必要なんてない。
結果なんて関係なく、かまってくれる人を見つければいいだけ。
あなたの価値をわかってくれる人と、いればいいだけ。

219

Not feeling well

すぐ体調不良になる人ほど健康

体調不良になりやすい人がいる。
ストレスがかかるとすぐに疲れたり、熱が出たり。
現代ではそれを「病弱」などと笑う。
けれど、それは的外れもいいところ。
すぐに反応が出る人ほど、実は健康な証拠だ。
疲れたと思ったら、働かずに休む。
嫌なことがあったら、ちゃんとへこんでグチを言う。
合わないものを食べたら、すぐに下痢をする。
眠かったら、すぐに寝る。
何も溜め込まずに、身体がしたがっていることをする。
これがもっとも健康的な状態だと僕は思う。

220
Feeling entitled

悩みがない人の考え方

悩みがない人は、自分の身体や心をよく理解している人。
僕がここまで言っているようなことを、感覚的にでもわかっている。
だから、病気や不調になっても「治る」ことを知っている。
その不調自体が問題ではなく、原因が別にあることを知っている。
その原因を、客観的に、冷静に分析ができる。
こういうスタンスの人には、悩みがぜんぜんない。
罪悪感も持たないから、心の不調にもならない。
中には、その様子を嫉妬したり、怒ったりする人がいる。
でも、そうやって何かを言う人ほど不健康だと知っている。
だから何かを言われて不快にはなっても、傷ついたりはしない。
自由自在に、「ありのまま」を貫ける。

221
Aging

老いもあたりまえではない

歳を重ねたら人間はどうなるか。
筋肉が弱る。骨が脆くなる。内臓の力も落ちる。
でもそれって、本当だろうか?
世の中には、80歳でエベレストを登頂できる人もいる。
逆に20歳で、僕のように腰痛で寝たきりになる人もいる。
これも要するに、本音の問題。
身体の膜にストレスがなく、本音で生きている人は、若い。
それは、身体の中の血が「余る」から。
その血は若返りのために使われる。だから、老いない。
あなたがあなたらしく生きていれば、老いない。
だから、老いは怖くない。

222
There is no saint

聖人君子なんてどこにもいない

人は、残虐な面も当然のように持っている。
たとえば小さな子どもは、虫を殺すことがある。
その反応をキャッキャと喜ぶことがある。
自分のやったことで相手が反応することは、快感になる。
ひどいことをされれば、「復讐してやりたい」と思うこともある。
そんな要素が自分の中にはないと、なぜ言い切れるだろうか。
もちろん、深刻に捉えなくていい。
認識することが大事。ただ受け入れることが大事。
「どっちもある」。そして、「自由に選べる」ということ。
「人間なんて、そんなもんだよね」から始めよう。

223
Obvious

「あたりまえ」をなくす

より自由なあなたになるために。

「そんなの常識だよ」「〜するのはあたりまえ」

こんな考えはすべてなくそう。

この世に何一つ、あたりまえなんてことはない。

やりたくないことを、「あたりまえだから」と、無理していない？

「別にしなくたっていいこと」

「誰かが勝手に言い出したこと」

だということに、早く気づこう。

224
Prioritization

消すのではなく、優先順位を低くする

「考えをなくす」というのは、「消す」ことではない。
そんなのダメだと、頭で考えるんじゃない。
「やっつける」のではない。
それでは、逆効果。
余計に力んで、意識してしまうから。
消すというよりは、「いったん横に置いておく」。
そしてそのうち、「とことんどうでもよくなる」のが、正解。
気にもならなくなる。これが一番、ラクな状態。
そして、「自分にとって大事なこと」に集中できる。

225
Numbness

何の問題もない人

「体調不良やメンタル的なストレスをまったく感じない」
そんな人も世の中にはいる。
これには、大きく2つのパターンがある。
1つは、「完全に整っている」状態。
自分らしく生きられていて、理想的な状態だということ。
もう1つは、「不調の末期」状態。
膜がかたくなりすぎて、何も感じられなくなっている。
経験上、後者の人が圧倒的に多い。
1000人いたら、999人が後者になる。
それくらい現代人というのは、状態がよくない。

226
Refusal

僕がよくケンカする人

本当はよくない状態なのに、何も感じない人。
実は、僕のお客さんにも多い。
そして、一番よくケンカしてきたのもこのタイプ。
恐怖が強すぎて、「自分は大丈夫」と思いたくて、すべてを拒絶する。
最近、僕はもう放っておくことにしている。
伝えることはぜんぶ伝え、できることはすべてする。
それでも頑なだったら、もう放っておく。
そのうち身体は嫌でも気づかせようと、難病や大病にさせる。
そんなときに、僕の言葉を思いだしてくれればいいやと思う。
それも含めて、人生は自由だと思う。

227
Repetition

繰り返す理由

問題を解決するとは、「膜のかたさ」を取るということ。
その上で、本音で生きるということ。
逆に、それができないと僕たちは同じことを繰り返す。
特定の状況になると、同じような行動をとる。
わけもなくイライラしてきたり不安になったり。
なぜかおとなしく人の言うことを聞いてしまったり。
好きじゃない人を好きになったり。
やめたいと思いながら、やめられなかったり。
特定の人をいじめてしまうという場合もある。
だから、社会は繰り返す。世の中は繰り返す。

228
Reincarnation

繰り返さないために

あの世の世界や生まれ変わりがあるのか？
わからないけれど、もしあるのだとしたら。
生まれてきたからには、本音は出しきっておきたい。
嫌なことは絶対に持ち越したくない。そう思う。
5年前、僕は胃に穴が空き、本音で生きられるようになった。
実はあの日、生まれ変わったんだと思っている。
あの日から、健康に対する考え方が大きく変わった。
自分のやりたいと思うことも、大きく変わった。
でもこれが、本来の自分だった。自分の使命だった。
なんだかそういう感覚が、しっくりきている。

229

Be confident

堂々と生きること

先祖供養とは、墓参りだと現代人は考える。
それも否定しない。
でも、もっと大きな供養の方法もある。
自分の膜の中にある傷、先祖たちが抱えてきた傷。
本音で生きるということは、そうしたものも含めて、解消すること。
先祖たちが我慢してきたことを、やめること。
先祖たちがしたかった生き方を、堂々とすること。
それがとても大事なことだと僕は思う。
自分のために生きることは、祖先のためにもなる。

230
Membrane river

川の流れに身を任せる

人生にはさまざまな転機がある。
転機に乗れる人とそうでない人の差はなんなんだろうか。
それは、川にたとえるとわかりやすいかもしれない。
この川は、「あなただけの島」に向かって流れる川。
この流れに、身を任せるのか、逆らって泳ぐのか。
転機に乗れた人は、その瞬間本音になり、流れに身を任せた人。
乗れなかった人は、最終的に本音を我慢し、流れに逆らった人。
そんなふうに僕は感じる。
けれど、川は常に流れている。
いつ何度でも、あなたが本音で生きられるきっかけをくれる。
今回、その1つがこの本との出会いだったのなら、僕は嬉しい。

おわりに

僕は昔、超のつく「ビビり」でした。子どものときは夜1人でトイレにも行けないくらい。人見知りだし、波風なんか立てずに普通の人生を送るのが一番だと思ってきました。

それが、こんな人生を送るようになるだなんて。自分がこんな人間だと知らずに、ずっと生きてきました。

でも気づいてみれば、「これ」が本当の自分でした。こうしてお伝えさせてもらったことが、事故で死の淵から生還したとき、一番大事だと感じたことです。

そういう、「子どもの頃の自分ですら、忘れてしまっていたこと」がきっとあなたの中にもあるはずです。

そもそもですが、今回僕がこの本を出そうと思った一番の理由。

それは、「僕が患者だったとき、こういうことを知りたかった！」という内容を「ネタバレ」しまくりたかったからです。

身体のケアに年に何万円、何十万円も使うのって、どうなのかなって。

「同じ時間とお金を使うなら、早く不調から卒業して、自分のために美味しいご飯を食べたり、好きな服を買ったり、旅行に行ったほうがいいですよね？」

これが、僕がお客さんにも伝え続けていることの一つです。

だから変な話ですが、「自分の整体院に通う人がどんどんいなくなっていくこと」が、僕の仕事だと考えています。

日々、身体はあなたを急かすかもしれませんが、ぜひご自身のペースで、自分の人生とゆったりと向き合ってみてください。

「人間関係に始まり、人間関係に終わる」のが人の身体と心です。

親の元に生まれ、成長していくうちに、僕たちは多かれ少なかれ傷ついていきます。身体の膜にトゲが刺さっていきます。でもそのトゲをきれいに抜き、卒業できたとき、不思議と、また新しい人に出会うものです（これは本当に）。

僕にとっては、パートナーのYさんがその一人。あなたのおかげで、僕は今日も自分らしく生きることができています。いつも、本当にありがとう。

そしてもちろん、ここまで読んでくださったあなたにも感謝を。いつかまたお会いできることを楽しみにしております。それでは！

著者
いっせい
整体師。「卒業させる整体院」代表。
某国立大学医学部在学中、突如として激しい腰痛と足のしびれを発症し、以来、半ば寝たきりの状態となる。考えうるあらゆる治療方法を模索しながら大学に通い続け、同大学を卒業。理学療法士として病院に就職し、整形外科の手術前後の患者を担当した。他方、自身の症状は3年間で300万円以上の治療費をかけても症状は改善しなかったが、とあることがきっかけで「カラダの使い方」を見直すこととなり、独学の末、わずか1ヶ月で完治させることに成功。独立し、整体院を開くことを決意する。その後、生死の境をさまよう事故に遭うなど紆余曲折を経て、「卒業させる整体院」を2019年に開院。病院ではできない方法で、体調に悩める人々の問題を根本から解決し、「通わせない状態」を目指すというコンセプトのもと、口コミだけで1万人以上が訪れる人気院となっている。「カラダの膜の記憶」と「言えなかった本音」という、極めてシンプルでありながら、どの医学領域にも属さない独自の理論は、SNS上でも多くの共感と、時に激しい賛否を巻き起こし、話題を呼んでいる。

X（旧Twitter）：@film_issei_maku
Voicy：いっせいの「健康常識から卒業させる」ラジオ
https://r.voicy.jp/jwmY2xwP91a

ちゃんと生きない。 自分を優先する勇気

2024年11月7日　初版発行

著者　いっせい

デザイン　井上新八
装丁イラスト　白井匠
DTP　ローヤル企画

営業　市川聡
広報　南澤香織
制作　成田夕子
編集　大川美帆・松本幸樹

発行者 鶴巻謙介
発行所 サンクチュアリ出版
〒113-0023 東京都文京区向丘 2-14-9
TEL:03-5834-2507 FAX:03-5834-2508
https://www.sanctuarybooks.jp/
info@sanctuarybooks.jp

印刷・製本　株式会社シナノパブリッシングプレス